TODOS LOS HOMBRES TE VEMOS DESNUDA

Los secretos más íntimos del comportamiento de los hombres y cómo aprovecharlos

PEPE ZAGA

TODOS LOS HOMBRES TE VEMOS DESNUDA

Los secretos más íntimos del comportamiento de los hombres y cómo aprovecharlos

AGUILAR

AGUILAR

Todos los hombres te vemos desnuda
D.R. © Pepe Zaga
De esta edición:
D.R. © 2013, Santillana Ediciones Generales, S.A. de C.V.
      Av. Río Mixcoac 274, Col. Acacias
      C.P. 03240, México, D.F.

Primera edición: junio de 2013

Diseño de cubierta y de interiores: ARTPICO, Artpico, S.A. de C.V.

ISBN: 978-607-11-2634-4
Diseño de cubierta y de interiores: Ramón Navarro / www.estudionavarro.com.mx

Impreso en México

PRISA EDICIONES

Para ti,

sólo por ser mujer;

sólo por ser

maravillosa;

sólo por ser lo mejor

que existe.

ÍNDICE

INTRODUCCIÓN

**D**e entrada, sé que posiblemente me meta en problemas por todo lo que voy a decir. Pero así es la vida. Generalmente, cuando tengo una idea en la cabeza, sin darme cuenta, ya está rebotando dentro de mi boca, de un lado a otro, hasta que me rindo y la escupo. Así que ahí te va.

Lo primero que quiero contarte es cómo nació la idea de escribir este libro. En mi vida no he tenido más alternativa que dedicarme a entender a las mujeres. Para ser más claro, la única forma que conozco de perseguir la chuleta es tratar de comprender lo que pasa por la mente del sexo femenino. ¿Cómo puedo saber lo que les gusta a las mujeres? ¿Qué les molesta? ¿Qué diablos es lo que quieren? (Y aquí le paro, no porque me falten preguntas, sino porque me estoy desesperando y poniendo ansioso con tantos cuestionamientos.)

En uno de esos momentos desquiciantes, me pregunté qué pasaría si se me apareciera el genio de la lámpara maravillosa, qué le pediría, qué es lo que realmente me haría más feliz en la vida... Después de muchas sesiones inconclusas, de muchas noches sin dormir, de muchas pláticas entre amigos, por fin encontré el deseo perfecto. Incluso —déjame ser sincero contigo— creo que no sólo yo, sino cualquier hombre lo pediría. ¿Lo adivinas? Claro, más sexo.

Sí, como lo oyes, pediría más sexo... (tal vez no era tan imposible de adivinar). Pediría más sexo, pero del bueno, del que parece una fantasía, una ilusión de la que no quieres despertar. Un tipo de sexo que te saque de la realidad. Con el que te sientas descontrolado, impactado y sorprendido. Junto a este deseo, también una mujer que lo pidiera y lo provocara para no dar siempre el primer paso.

Muy al contrario de lo que se pueda pensar, los hombres también nos aburrimos del sexo común, fácil y obligatorio, del sexo de siempre. A diferencia de las mujeres, a nosotros no "nos duele la cabeza" cuando se trata de evadir un "encuentro más". Es cierto que disfrutamos más un encuentro desenfrenado que un favor cantado. Claro que somos más propensos a tener sexo sin amor y, por supuesto, solemos obtener lo que buscamos. Es placentero, claro, pero así como nos puede gustar una ensalada, la verdad tambíen a veces disfrutamos más unos tacos un sábado en la madrugada (después de la fiesta y bien happys). Con hambre no le decimos que no a ninguna de las dos opciones. A los hombres nos gusta el placer poquito y mucho, aunque entre estas dos opciones la diferencia sea grande. Porque **no** es lo mismo decir "Anita súbete a la hamaca" que "súbete a la macanita". Definitivamente, no es lo mismo...

A pesar de que no lo digamos siempre, los hombres sí tenemos claro que el nivel de placer es incomparable entre una relación vacía u ocasional, con alguien por quien no sientes amor, que una relación donde hay sentimientos y emociones profundas y sinceras.

Pero el sexo no es nuestro único deseo. Si pensamos (una vez más) en el genio de la lámpara maravillosa, también podríamos pedirle una *Guía básica para entender a las mujeres*: un librito de pocas, muy pocas páginas y, si se puede, mejor con dibujitos.

"**Déjame ser sincero contigo, creo que no sólo yo, sino cualquier hombre lo pediría. ¿Lo adivinas? Claro,**

 **+ sex ♥ "**

- **Una guía que nos ayude a evitar todos esos ridículos que vivimos cuando queremos conquistar a una mujer.**

- Una lección en muy pocos pasos que nos oriente para no repetir... idioteces que hacemos para parecer interesantes, fuertes, seguros y atractivos.

- **Un librito portátil que nos revele cómo debemos mostrar nuestras propias cualidades (bueno, primero que nos ayude a identificarlas), en lugar de imitar constantemente modelos prefabricados de hombre malo, de empresario exitoso y de cualquier otra personalidad estereotipada.**

- Un libro que nos aparte de ese mundo competitivo que la modernidad ha creado. "Odio al América porque le voy a las Chivas", "Mi coche es mejor que el tuyo" y, por supuesto: "Yo la tengo más grande que tú", (una de las frases más famosas).

Además de esa guía, también podríamos pedir un *Diccionario de la lengua femenina. Conozca el idioma que nunca es lo que parece.* Si es necesario, en dieciocho pagos de doce mil pesos. Porque ya sabes que cuando las mujeres dicen "No", quieren decir "Sí". Como el clásico "No tengo nada", que siempre termina en "¿Cómo te atreviste a...?" ¡Cómo diablos contestar a la terrible rifa del tigre, a ese continuo día tras día de pruebas imposibles! Como la temible pregunta: "¿Cómo me veo?" Ese diccionario ideal podría enseñarnos a pedirles amablemente a las mujeres que se tranquilicen o se calmen (déjenme decirles que yo he dicho estos dos verbos al sexo contrario con resultados muy negativos). Los hombres necesitamos algo que nos ayude a entender ese complejo lenguaje que siempre quiere decir otra cosa.

Pero como siempre pasa cuando uno imagina cosas, justo en el momento de desear lo que más quisieras, te cae el veinte de que esos deseos eran imposibles. Estoy consciente de que por más investigaciones que he hecho, por más libros de psicología evolutiva que me he chutado y por más experiencias vividas, las mujeres son como son. Nunca sabré con precisión cómo va a reaccionar una mujer, es más, nadie ha podido aclarar esa gran incógnita. Sin embargo, de pronto, como por iluminación divina, se me ocurrió una idea que sí podría crear una diferencia: escribir este libro.

Éste es mi plan

Qué tal si en vez de adentrarme en la psicología femenina, hablo de cómo somos nosotros, los hombres, y te digo cómo pensamos, cómo reaccionamos en ciertas situaciones; te explico cómo sentimos, cómo nos enamoramos. Todo eso sí lo sé. Creo que los hombres somos menos complicados y más previsibles. Imagina que pudieras saber todo eso sólo leyendo este libro. ¿Qué harías si supieras cómo reaccionan los hombres?

Supongo que las mujeres quieren lo mismo, aunque tal vez no en el mismo orden. Pero imagínate saber cómo volvernos locos, cómo entender nuestro idioma, comprender nuestros defectos; quizás cuando te des cuenta de las intenciones detrás de ellos, con un poco de compasión, tus relaciones, y por consecuencia las nuestras, serán mucho mejores.

Tienes que aceptar que tú, más que nosotros, te sientes confundida por esa forma inescrutable de cómo pensamos y actuamos los hombres. De esta manera, con un poco de suerte, este libro te convierta en ese genio de la lámpara para nosotros los hombres y, de paso, consigas lo que quieras, a quien quieras y como quieras. ¿Qué te parece? ¿Estás dispuesta? Pues, adelante.

(CAPÍTULO / 1)
¿TODOS LOS HOMBRES
TE VEMOS DESNUDA?

ntes de empezar quiero que hagamos un trato: no puedes revelar los secretos que encontrarás en este libro. Si confrontas a tu esposo, amante, novio, papá, hermano, tío, primo, amigo, con todas las verdades del libro, estoy seguro de que primero lo negarán categóricamente y, después, con una voz inofensiva, te van a preguntar dónde diablos oíste semejante cosa. Así que, por favor (y esto es importante), contesta que lo leíste en una revista, de seguro lo creerán y yo podré vivir para contarlo. Quiero seguir escribiendo otros libros; la neta me gusta vivir y no quisiera que mi carrera como escritor termine aquí.

Bueno, después de estas consideraciones iniciales, déjame decirte que lo que leerás aquí tampoco es tan ajeno a ti. Las mujeres también quieren sexo y desean que los hombres se vuelvan locos con ellas. Las mujeres quieren entender qué hay detrás de veintidós tipos tras una pelota y por qué a veces el balón parece más interesante que las curvas que tú llevas en el cuerpo. ¿No es verdad? Las mujeres quieren entender por qué no nos fijamos en los detalles y por qué no hablamos tantas veces por teléfono.

Para empezar, cuando los hombres decimos que te ves bien es por que te ves bien. Nos gustas. Punto. Aunque quizá tú esperes otra cosa. Todo esto nos conviene a ambos sexos, porque hay veces que parecemos como extraterrestres uno frente al otro. Con este libro quiero romper esa frontera, y espero lograrlo.

Nuestros principales motivadores

Los dos principales motivadores del hombre son el sexo y el dinero. Y aunque hay otros, siempre actúan en combinación con los dos anteriores.

 Para comenzar con los secretos primero te diré el más íntimo de todos ellos. **Desde muy jóvenes, nosotros nos imaginamos cómo se ven las mujeres desnudas.** Perdón, pero no es algo consciente, es más bien como respirar o estornudar; sucede sin que podamos controlarlo.

No importa si se trata de una mujer joven o vieja, ni siquiera nos importa el tipo de relación que tengamos con ella. Mientras nos sintamos mínimamente atraídos, es probable que creemos una imagen de 300 dpi en 3D de la mujer en cuestión, tal como Dios la trajo al mundo; es decir, en pelotas.

Y mientras te tranquilizas de este madrazo, ahí te va el segundo: a partir del momento en que la imaginamos desnuda, casi nanosegundos después ya estamos teniendo pensamientos sexuales, encima de o con ella. Cualquiera de esas dos, dependiendo de la situación.

Me puedo imaginar la expresión de horror de tu cara. Hasta puede que estés segura de que no es verdad y ruegues porque no sea cierto. Me apena con-

firmártelo, pero es verdad. Tu primo, tu dentista, tu maestro y hasta el repartidor de pizza, todos ellos realmente te desvistieron con la mirada la primera vez que te conocieron.

Sin embargo, hay una cosa que quizás te consuele. ¿Has escuchado alguna vez que la imaginación siempre supera a la razón? Pues esta revelación no es la excepción. Si te imaginamos desnuda, significa que para nosotros *te ves espectacular.* Te lo confieso porque para entrar a nuestro mundo masculino es necesario que empieces a despegarte de tu lógica femenina. Nosotros **no** vemos esos defectos que ustedes se ven.

Para nosotros no hay estrías, no hay piel de naranja, no hay bolsas en los ojos, no hay arrugas, por Dios, no hay piel flácida en los brazos (la del salero), todo eso para el sexo masculino es INVISIBLE, en la imaginación y en la realidad (de todos esos temas hablaré más adelante).

Creo que en este punto es importante hacer una distinción biológica para que no haya suspicacias. Los hombres normales sólo nos imaginamos desnuda a una mujer que parezca fértil y no a aquellas mujeres mayores o niñas. En estas etapas, las mujeres son asexuales para nosotros.

La atracción que podemos sentir por alguna mujer se despierta en nuestro cerebro animal, en nuestro instinto, únicamente frente a una mujer fértil a nuestros ojos. A nuestros ojos y no a los tuyos, ¡eh! Créeme, aunque parezca que vemos lo mismo, no hay nada más falso. Para que la información que hay en este libro realmente te sirva, necesitas cambiarte un poco el chip. Muchas cosas que no crees como mujer, si fueras hombre las entenderías; trata de ponerte dentro de nuestra cabeza y quítate todo lo que crees que es *tu* verdad. Mientras las mujeres están ocupadas criticando su cuerpo por no ser "perfecto", los hombres están soñando con ellas y sus cuerpos atractivos, así de fácil.

Ésto es lo que preferimos los hombres

(no las viejas envidiosas)

52% **de los hombres prefieren la versión original de lo que significaba flaca en 1863 a la versión *light*, correspondiente a los estándares actuales. Es decir, para los hombres no existe un tipo de mujer sexy. Según varios estudios, las respuestas de los hombres en torno a la pregunta "¿Qué tipo de mujer te gusta más?" siempre dependen de con quién están en ese momento o qué video de MTV acaban de ver.**

Ni siquiera hay consenso en torno a cuál es la parte más sexy del cuerpo de una mujer. Veamos:

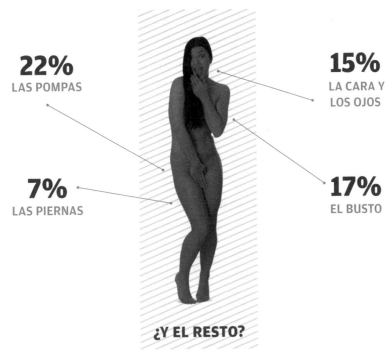

22%
LAS POMPAS

15%
LA CARA Y
LOS OJOS

7%
LAS PIERNAS

17%
EL BUSTO

¿Y EL RESTO?

39% no pudo contestar y prefirió defender "el paquete completo".

Para los hombres no hay: "Tiene poquito de esto o mucho de aquello." Nosotros no dividimos a las mujeres en partes, para nosotros: "Estás buena o no", o "me la doy o no me la doy". Los hombres las vemos completas como nos vemos a nosotros mismos en el espejo. De frente,

rápido y sin líos. No inclinamos la cabeza, no nos voltea-
mos por horas para ver nuestras pompas; jamás inspec-
cionamos la parte de atrás de nuestra rodilla en busca
de estrías o piel de naranja.

Lo que sí se ha comprobado científicamente es
que el cuerpo de una mujer entre más se parezca a un
reloj de arena más despertará atracción en el género
masculino. Esto está relacionado con la fertilidad en
el código evolutivo, ¿qué más prueba de la teoría de
Darwin que algunas de nuestras actitudes todavía
sean de chango?

Sobre las tallas del busto, 51% de los hombres prefiere el 34-A, gracias a la madre naturaleza; y sólo 7%
34-C, gracias al cirujano. Lo increíble es que 42% de los
hombres prefiere cualquiera de las dos.

¿Qué pensamos los hombres sobre la autocrítica femenina? 18% cree que las mujeres tienen una imagen correcta de sí mismas. Para el 10% las mujeres tienen confianza en cómo se ven y 72% piensa que deberían tener mejor imagen propia, es decir, que se ven mucho mejor de lo que ellas piensan.

Después de estas cifras, ahí te van más números. El cuerpo ideal para los hombres:

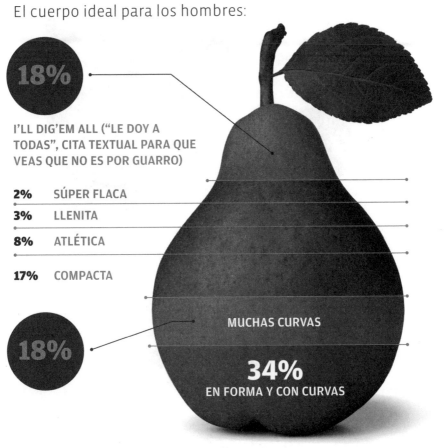

18%

I'LL DIG'EM ALL ("LE DOY A TODAS", CITA TEXTUAL PARA QUE VEAS QUE NO ES POR GUARRO)

2% SÚPER FLACA

3% LLENITA

8% ATLÉTICA

17% COMPACTA

18%

MUCHAS CURVAS

34%
EN FORMA Y CON CURVAS

Otra pregunta que es de las más interesantes: ¿Has estado con mujeres que no son tu tipo favorito?

16%
SÍ

84%
NO

¿Te ha decepcionado una mujer cuando la ves desnuda?

¿QUÉ? ¿DE QUÉ ME HABLAS?
¡ESTABA DESNUDA!

72%

28%

SÍ, NO FUE LO QUE
ESPERABA

Atención, género femenino, la más importante de las preguntas. ¿Qué te roba más atención?

EL CUERPO SEXY
DE UNA MUJER

41%

59%

LA CONFIANZA QUE
TIENE EN SÍ MISMA

Como ves, somos géneros diferentes y pensamos en consecuencia. Estos números lo comprueban. La belleza es cuestión de *actitud*. En este libro, pretendo que conozcas nuestros secretos y descubras nuevas armas para ganar la conquista que quieras. Para ello tienes que ver el mundo como nosotros, escuchar y tratar de pensar como nuestro género. Te vas a reír, a sorprender y vas a llegar a ser una mujer que entienda perfecto qué usar para conseguir lo que quiere.

¿Qué hay del segundo motivador?

2 El dinero es importante para nosotros, eso es obvio, pero lo que no es tan obvio es que los hombres somos más visuales, nos atrae el físico de la contraparte. Y la mujer, más orientada a pensar en las consecuencias, busca en un hombre a alguien que pueda ser proveedor de su casa. Así que, si quisiéramos ser más simples (si este libro fuera para hombres), podríamos decir que el segundo motivador en realidad es consecuencia del primero.

Queremos sexo y queremos dinero porque sabemos que eso trae más sexo.

(CAPÍTULO / 2)
NOSOTROS LOS HOMBRES HABLAMOS OTRO IDIOMA

ste capítulo explora a fondo las diferencias en el lenguaje masculino y femenino, pero también la forma tan distinta en la que cada género valora las conversaciones.

Los hombres somos simples, pragmáticos y estamos orientados siempre hacia un objetivo específico (que nunca es "sólo platicar"). Así es nuestro uso del lenguaje. Por eso nos quedamos callados si no tenemos información importante que compartir o adquirir. En cambio, las mujeres estimulan su habilidad de conversar con una naturalidad y una obsesión incomprensible. Con el lenguaje, las mujeres establecen un vínculo con la otra persona (social, romántico, profesional).

Existen estudios que señalan que las mujeres hablan más que los hombres, debido a que el cerebro femenino tiene niveles más altos de la llamada proteína del lenguaje, FOXP2, lo que marca una diferencia sustancial entre ambos sexos. De ahí las grandes diferencias en las conversaciones que sostienen hombres y mujeres.

La investigadora Louann Brizandine sostiene que la mujer promedio puede decir hasta **20 000** palabras mientras que los hombres llegan a decir sólo **7 000.**

Una mujer se puede sentir gratificada después de una conversación agradable, incluso si no hay un intercambio de información importante, o si no se ha resuelto nada en particular. Esa misma conversación para un hombre sería ridículamente tediosa, **porque no consiguió nada, ni logró ningún objetivo.** En otras palabras, las mujeres se comunican porque les gusta y nosotros los hombres nos comunicamos porque necesitamos hacerlo.

Pero una cosa es hablar y otra muy distinta entendernos. Que el hombre sea práctico con su boca no significa que hable otro idioma. Entonces, ¿por qué a veces no nos entendemos? Ahí les va. Nuestra comunicación es como nuestro cerebro. A ello súmale el hecho de que los hombres somos simples y directos.

Esas dos características determinan nuestra forma de hablar. En otras palabras, somos exageradamente directos y decimos precisamente lo que pensamos. Aunque parezca simple, esto puede ser confuso para ti, pues la mujer siempre trata de entender entre líneas, lo cual funciona bien cuando está hablando con otra mujer, porque lo más probable es que ella esté haciendo lo mismo. Pero en los hombres no funciona así. Por más que tú estés segura de que había algo más que él te quería decir, es importante que sepas que los hombres jamás profundizamos tanto para decir las cosas. Si decimos que nos gusta cómo te ves hoy, no significa que no nos gusta cómo te veías ayer, o que en realidad no nos gusta tanto, pero no te queremos decir, ni tampoco que vamos a dejarte ese mismo día y hacemos ese comentario para que no sea tan duro romper contigo. Lo único que estamos diciendo es que te ves bien, que hoy eres atractiva para nosotros. Eso es todo. No hay significados ocultos. Sé que esto puede ser difícil de creer, pero puedes estar segura de que si quieres entender el lenguaje del hombre, debes tomar lo que ellos digan tal cual. Entre más tiempo pases analizando lo que dicen y preguntándote qué quisieron decir, estarás más y más confundida.

Cuando nos preguntas si te ves gorda, lo que nosotros queremos hacer es responderte con la verdad. Somos honestos, aunque duela, porque esperamos la misma honestidad de tu parte si nosotros te preguntamos algo.

Sí existe una excepción a esa honestidad masculina: todo lo que se dice antes de acostarse contigo. Perdón, pero no puedes creer absolutamente nada de lo que te decimos en ese momento. Cada palabra está planeada estratégicamente para separarte de tu ropa interior. Diremos todo lo que creamos que quieres escuchar con tal de conseguir nuestro objetivo.

Nos encanta hablar de las Kardashians, nos parece que Ninel Conde está pasada de buena y contigo sentimos algo raro que jamás habíamos sentido. Los mentirosos patológicos podemos decir cualquier cosa. Y después del acostón, podrías confiar en él. Realmente se convierte en un hombre honesto.

Para los hombres, las palabras tienen un significado literal y el contexto en el que se usan no cambia ese significado. Para entrar en la explicación más técnica, veamos un ejemplo:

Alex: ¿Mi vida, qué opinas si nos quedamos aquí y pedimos algo de comer?

Karen: Está bien, si tú quieres.

Alex: Ok, ¿qué se te antoja? ¿Tacos o pizza?

Karen: ¡De verdad no lo puedo creer!

Alex: ¿Qué? ¿Prefieres ordenar sushi?

Karen: No quiero pedir comida y quedarnos en la casa, quiero ir al restaurante griego de la esquina y comer decentemente.

Alex: Ok, vamos.

Karen: ¡No! Pero enojado no me lleves.

Alex: No estoy enojado, sólo me estoy muriendo de hambre. Por mí, el restaurante griego está bien.

Karen: Ok, ¿entonces a dónde quieres ir?

Esto puede suceder más veces de lo que te imaginas. La principal explicación es que los hombres tomamos tus palabras li-te-ra-les. Sin significados ocultos. Es decir, si está bien pedir algo, pues pidámoslo y ya. Aunque tú le digas después que es un egoísta y que no le preocupó lo que tú querías, él no sabe ni de lo que le estás hablando. Y no significa que no te escuche, simplemente que no descodifica tu lenguaje oculto. Si tú dices "está bien", para él está bien y ya. ¿Cómo puede imaginarse que le estás diciendo exactamente lo contrario? Y como él no lo entiende, tú te enojas y, por lo general, las cosas empeorarán a partir de ahí.

La frase más peligrosa que las mujeres dicen es "No tengo nada". Generalmente significa que están encabronadísimas y esperan que nosotros sepamos por qué, sin que les volvamos a preguntar.

Trata de
decir lo que quieres

Las relaciones no deben ser un juego de espías con toda clase de estrategias escondidas en las palabras. Es peligroso asumir que el hombre con el que estás tiene habilidades para leer entrelíneas lo que tú quieres expresar. Mejor no arriesgues lo que tienes. Si quieres que sepamos algo, dilo tal cual y problema resuelto. Detén toda esa estrategia de psicología inversa y mensajes no hablados, por favor.

Los hombres somos demasiado concretos y vemos las cosas en blanco y negro. Eso hace nuestro mundo simple, tal como lo queremos. Si está mal o bien, no lo sé, pero tampoco tiene caso discutirlo. Lo único que sí te digo es que no creo que puedas entrenarnos para incluir un color llamado gris. Aunque eso para ti sea una cualidad que tienes en abundancia, los hombres no la tenemos.

En verdad, ése es uno de los errores más comunes: la mujer quiere que el hombre entienda algo leyendo entrelíneas sus palabras. En cambio, cualquiera de nosotros admitiría sin pena que no tenemos esa capacidad, así que no esperes que lo logremos. No sabemos hacerlo y además no queremos.

Revisemos estas frases:

- Por favor, prepárame un café.

- ¿Podrías prepararme un café, por favor?

- ¿Me prepararías un café, por favor?

- ¿Crees que nos podríamos echar un café?

- ¿No estaría genial echarse un cafecito?

- ¿Te late echar un café?

Como ves, estas frases van desde un lenguaje directo hasta un leguaje completamente indirecto. Las primeras tres son las que probablemente más usaría un hombre y las tres últimas de seguro las dirían las mujeres. Es cierto que todas están pidiendo lo mismo, pero de diferente manera. Lo malo es que las tres primeras pueden sonar agresivas para el género femenino pero las dos finales son ininteligibles para los hombres.

Alex va manejando en carretera y, de repente, Karen le pregunta: "¿No quieres ir al baño?" Alex piensa que es un buen detalle que Karen se preocupe por él, pero no tiene ganas de ir al baño, así que le contesta: "No, gracias, mi vida." A los nueve minutos, Alex empieza a sentir que hay algún problema, pues Karen dejó de hablar por completo. "¿Qué paso, mi vida, tienes algún problema?" Karen contesta: "No tengo nada." Alex ya sabe que esa respuesta sólo significa que hay un problema y debería saber cuál es. "¿Por qué tan seria, de repente?" Y Karen contesta: "Es que de verdad no puedo entender que no te pararas para que fuera al baño, eres un egoísta."

Lo que ocurrió después no vale la pena ni narrarlo, lo único que puedo decir es que no terminó bien. Todo esto simplemente por no comunicarnos con claridad.

¿No sería genial tener un diccionario del lenguaje masculino y del lenguaje femenino?

Empecemos por el más fácil.

Diccionario de lo que él quiso decir

Eres guapísima: tu cara es simétrica, eso indica que podrías recibir exitosamente mis genes. Tengamos sexo.

Te ves hermosa esta noche: me gustaría tener sexo contigo en cuanto sea posible.

Seamos amigos: tal vez esto sea una forma de librarme de las miles de llamadas diarias que recibo de ti.

Te ves increíble con eso: ese *outfit* hace lucir muchísimo tu figura y tu relación cadera-cintura, o de seguro realza tus *boobies*. Eso hace que mi cabeza se empiece a volver loca. Ah, por cierto, me gustaría tener sexo contigo de inmediato.

¿Quieres entrar por un trago o un café?: me gustaría que hoy te animaras a tener sexo conmigo.

Te invito un trago: tal vez con un trago dejes ir algunas inhibiciones y abras las piernitas.

No puedo desvelarme hoy, tengo una cita mañana tem-

prano: gracias por el sexo, ya me voy.

Quiero tener una relación honesta y abierta contigo: te ruego me digas las cosas claras y directas.

Te marco saliendo del bar: si no encuentro nada mejor, te busco.

No eres tú, soy yo: eres tú, ya déjame en paz.

Diccionario de lo que ella quiso decir

Necesitamos hablar: estoy encabronada o tengo un problema.

Necesitamos...: yo quiero...

Lo lamento: lo lamentarás.

Es tu decisión: lo lamentarás.

No tengo nada: por supuesto que estoy enojada.

¿Me quieres?: te voy a pedir algo y no quiero que me digas que no.

Estás siendo demasiado amable estos días: ¿lo único que quieres o piensas es en sexo?

¿Cuánto me quieres?: hice algo que no debí haber hecho.

Está bien: yo estoy en lo correcto, ya quiero que te calles.

Ahhhh: al principio de una frase significa que te descubrió en una mentira.

¿De verdad?: ella no está cuestionando si es verdad o no lo que dijiste, simplemente te está dejando claro que NO cree una palabra de lo que estás diciendo.

"Te amo"

Cuando decimos "te amo", no mentimos. Cuando decimos esas palabras eso es exactamente lo que estamos sintiendo. Es por eso que lo decimos poco, porque sólo es para momentos en los que en verdad lo sentimos. Un hombre que dice "te amo" está hablando del concepto específico de amor, que tal vez no tiene que ver con el tuyo. Ahí es donde empieza el problema.

Para él tiene un significado muy fuerte y muy complejo, pero para tus oídos eso significa demasiadas promesas que él, definitivamente, no tiene en la cabeza. Él dice te amo y ella escucha que será fiel, que quiere cumplir los sueños de ella, que la respetará y la cuidará para toda la vida. Y eso no viene implícito en dos palabras. ¿Qué significa para él esa frase? Con certeza, tendrá mucho que ver con lo que quiere vivir, con sus experiencias sobre el amor y también con como es él y sus características.

Cuando un hombre dice "te amo", lo dice convencido de que es cierto. Recuerda: eso no necesariamente significa lo que tú quieres que signifique. Y tal vez tengas razón en decir "pinches hombres", pero tal vez también las mujeres deberían replantearse si es productivo pedirle peras al olmo.

(CAPÍTULO / 3)

Las nueve cosas
que hacemos y más odias

ay una larga lista de cosas que hacemos los hombres y mata a las mujeres de asco —y de sorpresa— por la poca vergüenza que parece que tenemos. Rascarnos las narices, eructar, usar ropa interior de la prehistoria, quitarnos la comezón de los huevos en público. No me preguntes por qué, pero se puede. Sé que hay muchas cosas que les molestan a las mujeres, por eso, llegar a nueve no va a ser tan complicado.

1. ¿Por qué el hombre siempre encuentra soluciones y da consejos?

Es clásico que llega Alex a la casa y se sienta en el sillón. Empieza a cambiarle a la tele sin verla. En ese momento, llega Jessica, quien preparó la cena porque tiene ganas de platicarle con lujo de detalle lo mal que le fue en el día. Perdió su bolsa, se le rompió la uña, su amiga la vio feo y su jefe la está presionando mucho con dos presentaciones al mismo tiempo. Se le está cayendo el mundo encima. Mientras Alex, quien también tuvo un día complicado, está frente a la tele con el control en la mano, de pronto levanta de lado una pompa y deja salir un pedito. Alex busca un minuto de tranquilidad.

> **Jessica:** Mi vida, en quince minutos está la cena.

Alex piensa que tiene sólo quince minutos de concentración para cambiarle a la tele miles de veces antes de bajar a cenar y Jessica prefiere usarlos para hablar de sus problemas antes de la cena.

> **Jessica:** Mi amor, ¿cómo estuvo tu día?

> **Alex:** Bien. ("Quiero ver la tele", piensa.)

> **Jessica:** Hoy fue el peor día de mi vida, no sé si aguantaré más.

> **Alex (con medio ojo en la tele):** ¿No aguantas más de qué?

> **Jessica:** Es que mi jefe está loco de verdad. Hoy cuando llegué a trabajar me recibió con su carota. Ya sabes, y todo el día me estuvo persiguiendo con una presentación... que la quiere al final de la semana, pero también quiere la del otro cliente; de verdad es imposible.

Alex: Mira, Jessica, me parece bastante simple. Ve con tu jefe y dile que es imposible cumplir con la fecha que te dio para los dos proyectos. Que te diga a qué darle prioridad o que te ponga a alguien ayudarte, porque si no, no puedes terminar.

Jessica (un poco alterada): De verdad no lo puedo creer, todo el tiempo quieres darme soluciones. Por más que quiero que sólo me escuches, nada más interrumpes y me das consejos. "Haz esto, resuelve lo otro". A veces las cosas no son de resolver o de arreglar. Tú serás muy bueno arreglando cosas, pero lo que yo quiero es que me escuches.

Alex: ¿Escucharte? Te escuché y mira. Si no quieres mi opinión, mejor no me platiques cosas. Yo también tengo problemas y los resuelvo solo.

Jessica (llorando y gritando): ¡Vete al carajo! No puede ser que antes de escucharme ya me estés diciendo lo que hice mal. Yo quería casarme con alguien que por lo menos me escuchara. Mejor me largo de aquí porque tú ni eso puedes hacer.

Podrá ser exagerado, pero esta escena no es extraña para nadie. Es importante que entiendas por qué los hombres insistimos en dar soluciones a cualquier problema. Los hombres —y nuestro cerebro— evolucionamos como cazadores, por ello literalmente nuestro rol de supervivencia en el mundo ha consistido en acertar a un objetivo en movimiento para que la raza humana sobreviva. La naturaleza del hombre es estar alerta y dar en el punto exacto para comer o defenderse.

Como resultado del instinto, nuestros cerebros evolucionaron con una precisión enfocada en dar al blanco, inteligencia conocida con el término en inglés *visual-spatial*, que nos permite seguir ligados a la necesidad de existencia de hace miles de años para dar al blanco y resolver problemas.

Obviamente, por eso los hombres nos enfocamos en resolver problemas, nos importan los resultados y medimos nuestros éxitos por los frutos obtenidos, eso sin contar las calificaciones de los demás que también agregan competitividad al tema.

El hombre que te ofrece soluciones cree que está cumpliendo con su deber y, además, que te está demostrando afecto, preocupándose por ayudarte.

En cambio (y eso tú lo sabes), el cerebro de una mujer está organizado para comunicarse a través del lenguaje cuyo propósito, la mayoría de las veces, es ése: sólo hablar. En numerosas ocasiones, la mujer no quiere respuestas sólo quiere hablar.

Aquí comienza el problema de muchas parejas. La mujer desea sólo hablar de sus días problemáticos, pero el hombre cree que ella quiere consejos. Así que tú te enojas porque él empieza a darte consejos y no escucha, y él se enoja porque intenta resolver tus problemas y tú no aceptas sus consejos.

2. ¿Por qué el hombre se posesiona del control remoto y le cambia todo el tiempo a la tele?

Hecho: por miles de años, los hombres recorrían kilómetros y kilómetros para cazar algún animal.

Después de una caza exhaustiva, los hombres regresaban a descansar a sus cuevas y luego se sentaban frente a una fogata. No hacían nada. Se quedaban en trance, rodeados unos de otros sin decir una sola palabra. En ese estado de reposo ab-so-lu-to, ninguno de los hombres quería hablar con otro. Ésta era la forma de relajarse y recargar baterías para la caza del siguiente día.

Hecho: En la actualidad, esa gran fogata se ha transformado en libros, periódicos, televisión e Internet. Los hombres de hoy recorremos cincuenta y cinco canales en dos minutos y medio. Tenemos la capacidad de recorrer con la mirada tantos canales como sea posible al tiempo que apretamos el botón del control remoto a una velocidad impresionante. Si no me crees, veamos la siguiente historia.

Una mujer medio dormida en su cama escuchó que su esposo había llegado del trabajo. Como su relación estaba un poco estancada en la monotonía, cada uno tenía por costumbre actuar en la cama como si durmiera solo. Pero esa noche, cuando él se acostó en la cama, ella comenzó a sentir cómo era acariciada levemente, casi de manera furtiva, como si recorrieran suavemente la periferia de su cuerpo. El cuerpo de la mujer de inmediato comenzó a reaccionar a las suaves caricias. El marido tomó sus manos y las recogió; entrelazó una de ellas con la de su mujer y con la otra llegó atrevidamente hasta esos lugares que hacía tiempo no tocaba. En este momento, ella ya echaba chispas, deseosa de pasión. De repente, sintió cómo sus piernas eran abruptamente levantadas. Era evidente que el deseo perdido por tantos años había revivido en él, ella pensaba. La mujer sintió cómo su esposo recargó sobre ella todo su peso, sintió en su nuca su aliento cálido. En respuesta a tan inesperado encuentro, ella levantó sus caderas, separó y flexionó sus piernas para disponerse a ser tomada. De pronto, su marido soltó sus piernas, giró sobre sí mismo y se acomodó en su lado respectivo de la cama. La mujer atónita y respirando hondamente preguntó: "¿Qué pasó contigo?". Él respondió: "¡¡¡Ya!!!" "¿Ya qué, grandísimo cabrón?", preguntó amablemente la mujer. "Ya duérmete, mi cielo, ya encontré el control remoto..."

¿Esta historia responderá a la idea de que para tener a un hombre atento hay que esconderle el control de la televisión? No sé, pero dicen que si quieres volver loco a tu hombre, escóndele el control de la tele. Pruébalo tú misma (bajo tu propio riesgo).

Por el contrario, las mujeres se relajan al final del día envolviéndose en el problema de alguien más. Les gusta involucrarse en algún conflicto que tenga interacciones humanas y relaciones interpersonales. El cerebro de las mujeres está capacitado para descifrar el lenguaje corporal de los actores y predecir sus respuestas. Todo lo contario a los hombres. Nosotros queremos ver la tele por dos impulsos principales. El primero es solucionar problemas, llegar al fondo de ellos lo antes posible y resolverlos. Cada canal es un problema distinto y una solución distinta. Y el segundo es que los hombres nos olvidamos de nuestros problemas al ver los de otros. No somos responsables de esos problemas y eso nos ayuda a olvidar los nuestros. Liberamos estrés. Pero si una mujer está preocupada, no importa lo que haga o vea, su cerebro multitareas no la deja apartarse de sus problemas. Tomemos como ejemplo las telenovelas. Para un hombre es difícil entretenerse con ellas, no se explica cómo la misma situación se va complicando cada vez más. Para los hombres es sumamente frustrante y desesperante que el problema no se resuelva; en tanto que la naturaleza femenina, opuesta a la de los hombres, ruega que la historia no termine nunca. Nunca escucharás a un hombre decir: "Pues que le diga Raúl Ignacio que la quiere y ya se casen." Los hombres terminaríamos la novela en dos patadas, digo, capítulos.

3. ¿Por qué al hombre no le gusta preguntar cómo llegar a algún lugar cuando está perdido?

Por más de 100 000 mil años, los hombres utilizaron el sentido de orientación para cazar a sus presas. Hoy en día hemos aprendido a seguir pistas, a ir lejos y regresar encontrando nuestro camino, gracias a las huellas que hemos dejado. Tal vez no lo sabías, pero podemos descifrar dónde está el norte, sin saberlo, dos veces más que las mujeres. Hay investigaciones que señalan que nuestro hemisferio derecho del cerebro tiene más hierro y por una cuestión física-magnética podemos lograrlo. Con esa habilidad encontramos nuestros coches en el estacionamiento o regresamos a nuestro asiento en el estadio.

Desde tiempos inmemoriales, las mujeres estaban dedicadas a cuidar el nido. Como comprenderás, esta destreza no fue una actividad que les desarrollara el sentido de orientación. Ellas aprendieron a navegar a través de paisajes. Se ubicaban al ver un lago o un árbol; sensibilizarse con las direcciones no estaba en su contrato laboral. Por eso, la mejor forma de darle una dirección a una mujer es mediante referencias físicas, es decir, hablarle del edificio azul, la glorieta con la escultura o el parque. Si le dices que maneje derecho hasta la calle X y luego dé vuelta a la izquierda, lo más probable es que se pierda para siempre...

Ésta es la razón por la que para un hombre admitir que está perdido significa fracasar en una de sus mejores habilidades. Él prefiere morir en el intento. Así que te recomiendo que la próxima vez que pases tres veces por el mismo lugar, no lo critiques porque terminarás caminando. Es mejor que finjas necesitar ir al baño urgentemente, así él se estacionará y tú podrás preguntar. Cuando regreses al coche, haz como si él ya supiera.

¿Sabes por qué se necesitan cuatro millones de espermas para que uno fecunde el óvulo? Porque ninguno pregunta cómo llegar.

4. ¿Por qué el hombre mea la taza?

En 1900, Thomas Crapper inventó los escusados; antes de eso se usaba ir al monte o las letrinas o unas cajas afuera de la casa. Cuando una mujer quería o necesitaba ir al baño, otra la acompañaba por su seguridad. Los hombres, por el contrario, para "hacer del uno" (como suelen decir algunas mujeres) iban solos, y si tenían que defenderse, pues lo hacían solos. Siempre buscaban un árbol o una pared. Gracias a eso, nosotros no buscamos equipo de soporte que nos acompañe. Y hasta hoy no es raro que un hombre descargue el tanque a campo abierto.

La realidad es que los escusados comunes son una desventaja para nosotros porque más bien están acondicionados para mujeres. Casi el 100% de las mujeres se sienta en el escusado, mientras que sólo un 10% de los hombres afirma que lo hace. Y, bueno, los hombres tratamos de levantar la taza, pero si no lo hacemos obtenemos la pena de muerte. Algunas mujeres creen que la solución es que también nosotros nos sentemos. Si creen que es justo, me gustaría que ustedes mearan paradas. Imposible, ¿verdad?

En esta diferencia entra otro problema para la limpieza del baño: la erección de madrugada. Si lo piensas bien, eso explica por qué se ensucia el papel tapiz. Esa reacción tiene una explicación biológica: por más que intentemos la posición supermán sobre el escusado, es complicado tener buenos resultados.

Ahora bien, en la actualidad las cosas están cambiando un poco. Las estadísticas muestran que el escusado se está convirtiendo en un lugar social para hombre y mujeres, y si no me crees, échale un ojo a esto.

Mensajes desde el baño

Un vistazo a la perturbadora costumbre

De acuerdo con investigaciones recientes, el apego de los hombres y mujeres a su teléfono móvil ha alcanzado un nuevo nivel:

¿Es necesario llevar su celular al baño? "Sí, aumenta mi productividad."

74%   **76%**

75%

ADMITE USAR SU CELULAR EN EL BAÑO.

LEER Y ENVIAR MENSAJES
TOMAR Y HACER LLAMADA
LEER Y MANDAR EMAILS
NAVEGAR EN LA RED
USAR APLICACIONES
REDES SOCIALES
COMPRAS

¿Quiénes son los culpables? **¡TODOS!** Pero en general los jovenes

Considera esto la próxima vez que recibas una llamada o correo laboral.

Así que no es sorpresa...

1 de cada 6 esta contaminado de materia fecal.

5. ¿Por qué el hombre odia ir de compras?

Una actividad masculina por excelencia ha sido la caza. Debido a ello, los hombres estamos programados para tener una conexión clara entre el punto A y el punto B, como leíste arriba. Los hombres tenían que salir a matar y regresar a casa con la presa; siempre estaban en peligro. Si hiciéramos una analogía con el comportamiento de ambos sexos en un centro comercial, diría que a los hombres nos gusta comprar directo y sin rodeos, tal y como hacían los hombres de la prehistoria. Y las mujeres, dotadas de una visión periférica, pueden deambular por el centro comercial como pez en el agua.

Cuando pensamos en zigzaguear por tiendas y pasillos para encontrar la presa adecuada, nosotros nos sentimos nerviosos. A diferencia de las mujeres, que van de compras exactamente como salían a buscar especias en el pasado. Ellas se dividían en grupos para ir a diferentes lugares, pasando por donde alguna recordaba haber visto algo útil. Y si regresaban sin ninguna especie, de igual modo había sido un gran día porque se la pasaban muy bien. Por eso ahora, al momento de ir a comprar, no hay tiempo límite, o más bien no es importante. Peor aún, ni siquiera hay una meta específica. Gracias a su peculiar sensibilidad, huelen, tocan, escuchan, hacen y deshacen, mientras platican de mil cosas sin relación entre ellas. Van de lugar en lugar sin estructura ni plan y si regresan sin nada, no piensan que desperdiciaron el tiempo. Para un hombre este comportamiento es in-comprensible.

No entendemos por qué tanta complejidad para ir de compras. Un hombre piensa: si quieres calcetines, vas al lugar de calcetines, los compras y te vas. Así, si necesitas un vestido, vas a UNA tienda de vestidos, escoges UNO entre las numerosas opciones, compras el vestido y te vas. Directo y sin rodeos. Ningún hombre sale con un grupo de amigos, sin meta específica, sin un destino concreto, sin objetivo, sin límites y regresa sin nada. Para nosotros, eso no puede ser nada más que un fracaso.

> **TIP**
>
> Cuando vayas de compras con un hombre, busca elementos —como el carrito del súper— para que sienta que lleva el control o que está haciendo algo. Así, él se involucrará y te ayudará a marcar la ruta. Y aunque haya un límite de tiempo, podrán hacer juntos algo que te gusta.

6. ¿Por qué el hombre se pedorrea todo el tiempo?

De todas las cosas que el hombre hace, sin duda, la número uno es pedorrearse. Primero es importante aclarar que, como muchas otras cosas, la palabra "flatulencia" tiene dos significados, uno para las mujeres y uno para nosotros. Veamos:

- **Flatulencia (♀ mujer):** la vergüenza producida por el aparato digestivo.
- **Flatulencia (♂ hombre):** una fuente sin límites de entretenimiento, de expresión personal y compañerismo entre caballeros.

Pedorrearse es universalmente inaceptable para las mujeres, aunque a veces sea un síntoma de buena digestión y de salud. Para nosotros es un pasatiempo que se inicia a los diez años más o menos.

Los pedos para los hombres pueden ser divertidos, mientras que para las mujeres son indecentes. Los pedos para los hombres pueden ser señal de amistad y camaradería, mientras que para las mujeres son repulsivos y pueden ocasionar enemistades. Los pedos para los hombres son chistosos y casi hasta "inocentes", mientras que para las mujeres son intolerables por completo.

Tanto los hombres como las mujeres se pedorrean por igual, sólo que nosotros no sentimos vergüenza de ello y las mujeres, sí.

Incluso, la imagen de poder puede basarse en la cantidad de pedos que es capaz de echarse continuamente un hombre. Lo grave es que la mayoría huelen mal. Lo chistoso es que pueden encender una flama azul si se agarran en el momento preciso. Estos logros son apreciados por el resto de la manada masculina con más admiración que el descubrimiento de la cura de la poliomielitis.

Si no me crees la importancia de los pedos en el mundo masculino, nada más lee lo siguiente:

- **El 96.3% de los hombres acepta pedorrearse en público, mientras sólo el 2.1% de las mujeres lo admite.**
- **Los hombres expulsan entre 1.5 y 2.5 litros de gas en doce pedos diarios, lo que podría llenar un globo mediano.**
- **Las mujeres liberan siete pedos y emiten entre 1 y 1.5 litros de gas.**

Las razones principales por las que se producen estas emisiones son hablar excesivamente y hablar mientras

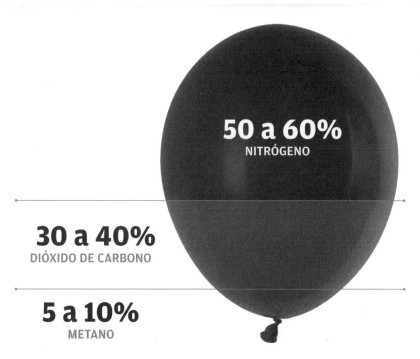

50 a 60%
NITRÓGENO

30 a 40%
DIÓXIDO DE CARBONO

5 a 10%
METANO

comes. ¿Por qué diablos nos pedorreamos más los hombres si la causa es hablar? El aire se queda atrapado en el sistema y, aunque algo se escapa, buena parte se queda en el intestino delgado, donde se mezcla con otros gases y se prepara para hacer su salida triunfal, en el caso de los hombres, o a hacer una salida sumisa después de haber estado encerrado por más tiempo del que hubiera querido, en el caso de las mujeres.

El gas está compuesto por 50% a 60% de nitrógeno y por 30% a 40% de dióxido de carbono. El otro 5% a 10% es metano, un gas tan peligroso que podría derrumbar ciudades enteras.

Hay alimentos y bebidas que producen más gases que otros como coliflor, cebolla, ajo, brócoli, calabaza, frijoles y cerveza. Para librarse de tanto gas, habría que evitar esos alimentos. Tomar agua mientras comes hace que el jugo digestivo se diluya y produzca más pedos.

En fin, no creo solucionar el problema gaseoso. Hombres y mujeres tendremos que seguir viviendo así. No me imagino que se hagan "secciones libres de pedos" en la cama. ¡Yo no duraría en ese estado ni la primera noche! No creo que las mujeres sean tan crueles como para determinar que pedos es igual a no sexo, pero una medida tan drástica podría funcionar (o no).

7. ¿Por qué el hombre huye del compromiso?

Algunas mujeres se preguntan por qué si el hombre se compromete incondicionalmente con su equipo de futbol, no puede canalizar esa enorme energía emocional en otra cosa. O por qué si gana en el futbol, el hombre festeja con cada poro de su piel y no se muestra con esa pasión en otras circunstancias.

Te diré algo: dejando a un lado el futbol, los hombres

generalmente daremos un paso atrás, en especial con la mujer que amamos. Es verdad que nosotros escondemos un poco nuestras emociones, pero eso no es de ahora. Por casi toda la existencia humana los hombres hemos sido polígamos, por razones de supervivencia. No te aceleres, dame chance de darte la justificación evolutiva: para los hombres, tener más de una pareja tenía sentido porque estaban en riesgo constante de morir entre la caza y las guerras. Tenía sentido llevarse a las viudas con sus hijos a su casa y, de paso, tenían la gran oportunidad de pasar sus genes.

Desde la perspectiva de conservación de la especie, tiene sentido que los hombres tengan más de una pareja y que las mujeres sólo tengan una, ya que el período de gestación consiste en un tiempo prolongado. Desde esta perspectiva, que una mujer esté con diez o veinte hombres no tiene mucho sentido si sólo puede embarazarse una vez.

Vayamos a los números. 3% de las especies son monógamas. 97%, incluidos los seres humanos, no está programado para tener nada más una pareja.

Ésta es una de las explicaciones de por qué los hombres huyen del compromiso: pues literalmente va en contra de su naturaleza.

Sin embargo, tenemos un punto a nuestro favor. Como seres humanos tenemos un nivel de inteligencia que nos separa absolutamente de los animales. Además de la evolución biológica (el desarrollo de los lóbulos frontales del cerebro que nos ayuda a tomar decisiones de lo que sí y qué no hacer), la cultura nos ha permitido progresar como seres sociales evolucionados. En este sentido, la consciencia hace la diferencia en el género masculino, siempre hay opción de elegir.

No es que el hombre eluda el compromiso, sino que se toma más tiempo para sentirse seguro de no haber fallado. Entonces, **sí existen hombres comprometidos,** que toman una decisión consciente. Los hombres no leemos la mente ni adivinamos lo que quieren las mujeres (¿recuerdas lo del genio de la lámpara?). No consideramos si llevamos saliendo meses o si ya tuvimos relaciones. Para nosotros no hay nada obvio, recuerda que somos directos y claros. Si realmente le dices a un hombre lo que sientes y lo que piensas, él te entenderá. Deja las cosas "obvias" a un lado. Si quieres un compromiso, pídelo, no sólo esperes que suceda. Es mil veces mejor decir: "Estamos en una relación y esto es lo que espero de ti...", que quedarte callada y esperar.

8. ¿Por qué el hombre siempre quiere tener la razón?

Para entender esta curiosa característica, debemos explorar la forma en que nos educan. A los hombres siempre se nos pide que no lloremos, que seamos fuertes y muy buenos en lo que hacemos. Piensa en todos nuestros modelos: Supermán, Batman, el Zorro y Tarzán. Todos ellos son hombres solitarios que nunca lloraban por ningún problema, y en cambio siempre buscaban soluciones.

En esos escenarios perfectos, siempre que aparecía una mujer, ocasionaba más problemas que soluciones. Batichica o Luisa Lane eran salvadas de los malos. Y Tarzán se la pasaba de rama en rama tratando de mantener a Jane fuera del peligro en el que se metía. Para todos estos superhéroes hubiera sido mejor tener, no sé, un perrito o algún otro animal que fuera leal, confiable y que nunca tratara de probar que él estuviera equivocado.

Para el momento que un hombre alcanza la pubertad, ya está condicionado a sentir que no lograr algo significa un fracaso como hombre. Ésta es la razón por la que cuando una mujer cuestiona nuestra forma de hacer las cosas, contestamos a la defensiva. Cuando una mujer dice: "Detente y vamos a preguntarle a alguien cómo llegar", el hombre entiende: "Tú no sabes nada, busquemos a otro hombre que sí sepa." Es doloroso para nosotros y despierta todos nuestros miedos. Somos extremadamente competitivos y no sabemos perder. Para nosotros, es difícil pedir una disculpa, precisamente por eso, porque a la hora de hacerlo tenemos que aceptar que nos equivocamos. Si escuchas la frase "¿No confías en mí?", puedes estar segura de que atacaste nuestra masculinidad.

9. ¿Por qué el hombre sólo puede hacer una cosa a la vez?

Las mujeres tienen un cerebro capacitado para hacer muchas cosas a la vez. Los cerebros de las mujeres siempre están alerta, incluso cuando duermen. Si escaneáramos el cerebro de una mujer mientras hace dos cosas, nos daríamos cuenta de que ella podría encargarse de una tercera sin ninguna relación con las otras dos. Ésta es la razón por la que 96% de las asistentes o secretarias son mujeres. Es como si descendieran de los pulpos. Pueden hablar por teléfono, cocinar y ver la televisión. O manejar, maquillarse y escuchar atentamente el radio.

Si las mujeres pueden leer, escuchar y hablar al mismo tiempo, ¿por qué nosotros no podemos? La razón es simple, nuestro cerebro tiene zonas especiales. En términos más simples, nuestro cerebro tiene pequeños cuartitos y cada uno tiene una función específica que no depende de las demás. La conexión entre un cuarto y otro es 10% más delgado en nuestro cerebro que en el femenino, y tiene 30% menos conexiones entre cuartitos que el cerebro de una mujer. Esto provoca nuestro estado de "una cosa a la vez". Un hombre tiene el doble de probabilidades de sufrir un accidente si habla por teléfono mientras maneja, eso es seguro.

Las Reinas Magas

Todos, aunque sea más o menos, conocemos la historia de los Reyes Magos. Si la sabes, puedes darte cuenta de cómo somos los hombres. Esta historia deja muy claro nuestros defectos. Para empezar, nos sentimos los líderes del universo, esa estrella del este está puesta ahí para que nosotros la sigamos. Los Reyes se retrasaron dos meses después del nacimiento de Jesús y seguramente fue porque no aceptaron preguntarle a nadie cómo llegar. Y, por si fuera poco, le regalaron a una mujer exhausta y a su nuevo bebé, oro, una resina para fumigación (mirra) y una planta que huele demasiado fuerte y se usa para muertos (incienso).

¿Qué hubiera pasado si esos tres reyes hubiéran sido mujeres? Hubieran preguntado cómo llegar y lo hubieran hecho a tiempo para ayudar en el parto. Hubieran llevado regalos prácticos como pañales, biberones, juguetes y flores para adornar la casa. De seguro hubieran sacado a los animales y limpiado los establos. Le hubieran hecho compañía a la madre. Sin duda, el mundo sería diferente ahora.

Aunque esto pudiera entenderse como una limitante, también tiene sus pros. Nos permite convertirnos en especialistas o expertos de una cosa. 96% de los especialistas técnicos son hombres, lo cual nos hace excelentes en hacer "una cosa a la vez".

Si puedes entender este estado de "una cosa a la vez", quizá entenderás muchas cosas de nuestro comportamiento. Así, podrías comprender por qué le bajamos al radio cuando estamos perdidos, o simplemente para estacionarnos en reversa. Si estamos dando vuelta en una glorieta y alguien nos habla, lo más probable es que perdamos nuestra vuelta. Si el teléfono suena, nos desconcentra de inmediato. Si hicieras un escaneo del cerebro de un hombre cuando está leyendo, te darías cuenta de cómo está virtualmente sordo. Así que si quieres matar a un hombre, háblale cuando se esté rasurando y parecerá un accidente.

Si quieres tener buenos resultados, lo mejor que puedes hacer es darle a los hombres "una cosa a la vez". Todo saldrá mejor y sin pleitos.

En una junta, trata de terminar con un punto hasta que los hombres estén contentos con la solución y puedas pasar al siguiente tema. Y lo más importante, nunca preguntes nada cuando estés en el chaca-chaca con un hombre.

(CAPÍTULO / 4)

LO QUE NOS VUELVE LOCOS
(Y CÓMO APROVECHARLO)

o más importante de este capítulo es que entiendas que los hombres somos seres orientados por nuestra vista. Para desear, necesitamos ver. Aunque eso no significa que no tengamos otros sentidos y sin duda, para nosotros la vista es el más importante de todos.

Por fortuna, cada cabeza es un mundo y no todos los hombres se sienten atraídos por los mismos atributos. Diferentes tipos de mujer atraen a diferentes tipos de hombre. Piensa en las princesas de Disney, todas son hermosas y todas son diferentes. Es verdad que en esta época damos mucha importancia a la apariencia física. Somos superficiales, es cierto, pero es así como estamos programados. Después de encontrarnos la primera vez, reconocemos que hay otros factores que influyen para que sigamos viéndonos.

Las mujeres son atractivas para el hombre precisamente porque se ven como mujeres y no como hombres. Parece obvio, pero ahora que profundicemos en ello entenderás por qué quiero que te quede claro. Nuestra naturaleza busca físicos opuestos a los masculinos. Así que entre más diferente luzcas ante el hombre, mejor te ves... sin duda.

En general, el cuerpo del hombre es lineal, por lo que los cuerpos curvos nos gustan más. En los últimos 3000 años, el cuerpo del hombre se ha caracterizado por ser delgado y musculoso (por lo menos, eso creemos).

Por eso, que tú seas suave y tengas partes acolchonadas es para nosotros un atributo maravilloso. Nuestro pecho es plano, por lo que la piel desbordada en esa región es muy atractiva. Nosotros tenemos pelo facial, por lo que estaremos ampliamente agradecidos si tú no lo tienes (pasa exactamente lo mismo para las piernas, las axilas y los pezones).

Algo muy importante para nosotros es tu cabellera. Es común que los hombres llevemos el pelo corto, por eso nos vuelve locos un pelo largo en las mujeres. Créeme, si tu pelo no llega por lo menos a los hombros, no quiero decirte que difícilmente volverás loco a alguien, pero sí estarías desperdiciando una gran oportunidad.

En suma, los hombres amamos el cuerpo de las mujeres porque es opuesto al nuestro. Donde ella tiene curvas, él tiene ángulos. Si de diferencias físicas se trata, los opuestos definitivamente se atraen.

A los hombres no nos gustan las mujeres flacas

Una mujer flaca tiene el cuerpo de un chavo de 12 años. Es cierto. Los hombres nos interesamos en mujeres que parecen mujeres. Así que no tienes por qué estar tan flaca. Nosotros preferimos las curvas porque estamos programados para buscar el *hips to waist ratio,* en otras palabras, una silueta de reloj de arena. Algunas investigaciones han demostrado que las mujeres que tienen un cuerpo de estas características son más fértiles y tienen una probabilidad mayor de concebir. Esta figura atrae la atención de un *homo sapiens,* aunque la mujer esté pasada de peso porque aparenta mayor fertilidad. De hecho, la grasa acumulada en ciertas zonas es señal de que la mujer está preparada para tener un bebé y amamantarlo.

Sé que esto contradice las revistas que lees cada semana. A pesar de eso, creo que debes tomar estas opiniones en cuenta. Pensemos, esas publicaciones rara vez las escriben hombres y los que las escriben rara vez son heterosexuales.

Si quieres asegurarte de saber lo que a un hombre le gusta, no dejes de buscar las revistas para hombres como *Maxim*, *Playboy*, etcétera. Es más, puedes comparar los anuncios de cerveza con los anuncios de moda femenina. En ellos verás las enormes diferencias entre las mujeres que salen en unos y otros. Explicación: están dirigidos a diferentes gustos. ¿Para quién quieres ser atractiva?, ¿para las mujeres que compran cosméticos o para los hombres que chupan cerveza? ¿Has visto últimamente a una mujer con las proporciones de Jennifer López en tus revistas? ¿Crees que tu pareja encuentra muy atractivos los cuerpos de esas mujeres de revistas?

Los hombres tenemos un peso ideal para nuestras parejas que siempre es mayor al que ellas consideran como peso ideal. Nos gustas con más kilos de lo que te imaginas. Todas esas mujeres ideales para ti, en verdad, nos espantan. Les podemos contar las vértebras a kilómetros de distancia, se ven frágiles como si no pudieran tener una escena de sexo sin partirse en cachitos. Definitivamente, las preferimos de lejos. En realidad, el cerebro del *homo sapiens* interpreta ver a una mujer flaca como una mujer con alguna enfermedad.

Mientras tu cintura sea menor que las caderas, no importa cuántos kilos tengas de más, serás muy atractiva para nosotros.

Los hombres y los pechos

Miente quien dice que a los hombres nos gustan los senos enormes. Es más que eso. Nos gustan grandes, chicos y de todas las formas. Todos son dignos de fantasías. Nos encanta cualquier tamaño que tengas y puedas mostrarnos. Eso no quiere decir que los muy grandes no llamen nuestra atención. Podría ser casi lo mismo que provoca un diamante grande para ti. No olvides: nos gustan los senos y punto.

Dos mujeres hablando del físico de otra mujer se pueden llevar más de dos horas; dos mujeres chateando sobre otra mujer pueden escribir más de dieciséis mil caracteres y decir mil características positivas y nueve mil negativas. De la misma mujer un hombre diría: "¡Qué buena está!" y el otro le contestaría: "Sí, y ¿sabes qué es lo triste? Que hay alguien allá afuera que se la coge y no somos ni tú ni yo." Eso sería todo, es más, sería lo máximo que podría alcanzar. Incluso, exageré un poco para no dejar en vergüenza, porque los hombres preferimos la en estos temas.

Las que se visten como mujeres fáciles

Ya he dicho que los hombres somos demasiado visuales. Pues sí, por lo mismo nos damos cuenta de todo. Hay muchas mujeres que aunque son hermosas se visten olvidando sus atributos. Cuando una mujer se viste así, lo único que provoca es que los hombres no la vean y mucho menos crean que es atractiva. Como animales visuales, sólo vemos lo que es claro y evidente para nuestros ojos. Si una mujer va vestida muy conservadora sin lucir su cuerpo, el ojo del hombre se pasará de largo.

Es mejor que las mujeres busquen prendas que las hagan verse femeninas (ya vimos que entre "más mujer" luzcas le gustas más a los hombres).

Así que no te vistas como si no quisieras tener sexo durante los próximos diez años. No estoy diciendo que deberías tenerlo esta noche, simplemente quiero que utilices herramientas para que suceda la primera parte. Que no pases inadvertida.

Vístete como una *mujer fácil*. Por favor, no me malinterpretes. "Las mujeres que se dedican a eso" saben perfecto lo que hacen en ese sentido: buscan ropa que resalte sus virtudes al máximo y esconda sus defectos. Ya sé que tú eres una mujer diferente y debes vestirte como tal. Estoy consciente de que es muy importante que vayas vestida de manera apropiada y respetuosa a una junta de trabajo, con un traje sastre tal vez. Pero cuando vayas a una reunión social con alguien que te gusta, puedes usar esa blusa (herramienta ideal) escotada para atraer todas las miradas.

Enseña la piel lo más que puedas. Usa un escote elegante, una falda o un vestido sugerente y ponte tacones. Vístete para gustarles a los hombres, sé un poco más provocativa. Ah, y algo muy importante: si tus amigas te dicen que eso que llevas puesto se ve sofisticado, tiene estilo y es elegante, sus comentarios van exactamente en sentido contrario.

Ya sé lo que estás pensando. Que si te vistes así, sólo vas a atraer a los tipos que quieran acostarse contigo y ya. Pues sí. Por si no has puesto atención, TODOS absolutamente TODOS los hombres queremos tener sexo contigo, como primer interés. El sexo hace que nos acerquemos a ti. Después, la forma en la que estabas vestida ya no tendrá ningún significado porque ambos se conocerán mejor.

Usemos el ejemplo del cine. Tu vestimenta es como los cortometrajes: la única forma de tener la taquilla a reventar es mostrar buenos cortos que enseñen lo mejor de la película. Después el espectador juzgará la película completa. Si le gusta la experiencia, agradecerá que los cortos hayan sido lo suficientemente atractivos para ver toda la película. Y no tendrá de qué arrepentirse.

Lo que no nos vuelve locos

En esta lista, el primer lugar lo tiene la inseguridad. Algunos estudios dicen que 86% de las mujeres estarían dispuestas a operarse para mejorar su físico. Una mujer que es insegura de sí misma y está criticando lo que le sobra y lo que le falta constantemente, es lo más rechazable del mundo.

Cuando un hombre está contigo es obvio que se siente motivado por las partes atractivas que tienes y está prácticamente ciego a tus defectos. Si está cenando contigo o ligándote, lo más seguro es que esté tan drogado de dopamina que cualquier deficiencia que creas tener no existe para él.

La mente del hombre es demasiado simple cuando está con mujeres. No es el tamaño o el cuerpo de las mujeres lo que nos hace huir, es el grado de inseguridad que las mujeres muestran en sí mismas lo que nos apaga por completo. No hay nada menos atractivo que eso y déjame explicar por qué. Los hombres no separamos a las mujeres en partes cuando las vemos. No tenemos esa capacidad, aunque somos seres visuales.

Cuando dos hombres hablan de una mujer que entra en un restaurante, para ellos la mujer en cuestión "está espectacular", "se ve buenísima", "está buena", "yo sí le doy", "no, la verdad sí está bien pinche", entre otras opciones. En cambio, de esa misma chica las mujeres dirían: "tiene una nariz rara", "no tiene buenas piernas", "tiene talle corto". Y se trata de la misma mujer. La opinión femenina no significa que ellas mientan; lo más seguro es que sea completamente cierto todo lo que dicen. Lo que sucede es que el hombre no ve a la mujer dividida, para él, ella es una sola pieza, por ello expresa un solo resultado. ¿Has oído a un hombre decir: "Me gusta su cuerpo, sus ojos son preciosos además de que la cara está bien, pero las arrugas que le salieron no me laten y sus piernas están como cortitas"? Seguro no, porque NUNCA dividimos en partes. Para nosotros esa mujer es espectacular y basta.

Qué tanto nos divertimos al lado de una mujer, cómo nos hace sentir qué tan maravillosa es en la cama y qué tan fácil es llevarse con ella.

Aunque estés lejos (o eso pienses tú) de ser hermosa, esos otros elementos incrementarán sustancialmente el deseo de estar contigo.

En conclusión, el exterior de la mujer nos dice que existe, pero lo que realmente es por dentro es lo que nos atrapa.

(CAPÍTULO / 5)

SOBRE
EL SEXO

¿Romance? ¡Nunca!

Tiene que haber un momento en que los hombres necesiten un poco de romance y que sientan mariposas en el estómago. ¿No crees?

Pues estás equivocada, los hombres NUNCA necesitan romance. Eso que tú sientes para nosotros simplemente no existe. Piensa un poco como hombre, ¿qué es romance? Unas velitas en un cuarto oscuro, una cena romántica en un restaurante elegante, masajes con piedras en tu cuerpo, ver las estrellas recostados en la arena, regalos y detalles que te hagan sentir que pensaron en ti... En fin, cualquier cosa que te haga sentir enamorada y lista para dar el siguiente paso en una relación. O sea que te haga sentir de humor para tener sexo con alguien. Bueno, ahí lo tienes. ¿Para qué diablos quiere un hombre cosas románticas si de por sí SIEMPRE está de humor para tener sexo?

Así de simple. El romance es sólo para mujeres y los hombres lo emplean solamente con un fin... quitarte la ropa. Ya sé lo que estás pensando. El romance ha formado parte de nuestras vidas y es parte de la historia. Poetas, pintores y escultores han creado piezas de arte basadas en el romanticismo. Han expresado ese amor tan inmenso a través de sus obras. Te diré la verdad, sólo son una bola de calenturientos que lo único que buscaban era tener relaciones. Desde Shakespeare hasta Armstrong, lo primero que hacían terminando una obra o llegando de la Luna era decirle a su pareja que ya extrañaban... (su intimidad, la cama, su pasión). Pues con un poco de romanticismo, el corazón de sus queridas latería con fuerza y el resto de su cuerpo no podría quedarse muy lejos.

Esto para nada significa que yo crea que el romance no tiene sentido o que es una tontería. Realmente es un elemento importante para lograr lo que buscamos, es una de las pocas armas que tenemos en nuestro arsenal para conquistarte. Tengo que decirte las cosas como son, por eso compraste este libro, ¿no? Para nosotros, el romance es el costo de admisión, los prerrequisitos para entrar en la universidad, la entrevista de trabajo; por eso hacemos todo esto sólo por ti, porque queremos estar contigo. Por consiguiente, el romance nunca va a desaparecer, aunque a nosotros no nos encante. Las mujeres ponen el detalle y nosotros la acción.

Dinero para tener más sexo

Como comenté en el primer capítulo, el dinero también es nuestra prioridad, principalmente porque tenerlo resulta atractivo para las mujeres. Sabemos (y lo veremos más adelante) que entre más capacidad de manutención tengamos, más mujeres atraeremos. Y entre más mujeres atraigamos, más oportunidades tenemos de tener sexo. Está demostrado que las mujeres se sienten más atraídas por un hombre que posee un buen coche. Yo podría compartir un poco tu sorpresa, pero los estudios científicos hablan por sí solos. El coche cumple la misma función que el plumaje del pavo real: intentar seducir a una hembra y aparearse.

Recientemente, en el _British Journal of Psycology_ se publicó un artículo que sostenía que las mujeres encuentran más atractivo a un hombre que conduce un coche costoso y exclusivo que a otro que conduce un coche generalista y común.

Para demostrarlo, contrataron modelos hombres y mujeres y les dieron a manejar un Ford Fiesta y un Bentley Continental GT. Luego, le pidieron a varios grupos de hombres y mujeres heterosexuales que valoraran el atractivo de los del Fiesta o el Bentley, en una escala del 1 al 10. El resultado fue más claro de lo que esperaban. Los hombres valoraron por igual a las modelos independientemente del coche que manejaban, y en el caso de las mujeres, las diferencias en su valoración fueron muy significativas, porque dependían del auto que el modelo estuviera manejando.

Entonces, los hombres se han dado cuenta de esto y han convertido su coche en más que eso, como dice Roxama Kreimer, autora de *La tiranía del automóvil*: "Para el hombre, el automóvil no es un objeto más entre sus cosas. Representa su dominio sobre el mundo exterior, su virilidad. Gran cantidad de mujeres no corresponden a la solicitud amorosa de los hombres que no manejan un automóvil, incluso más allá del estatus económico que representa, como si el vehículo representara lejanamente algún atributo sexual."

Lo que un hombre haría por sexo

Los hombres hacemos cosas por las mujeres, por la recompensa que ellas nos dan (sexo). "Vamos de compras", "llévame a cenar/al cine/a casa de mi mamá", "lleva a los niños a la cama", etcétera, etcétera. La comprobación es clara, nada de esto lo hace un hombre por otro, ni por su cuate ni por su compadre, por más que lo quiera.

Si somos capaces de hacer lo que nos pidan las mujeres, imagínate lo fácil que resulta decir disparates. Nosotros diremos lo que sea para que te acuestes con nosotros, pero no por eso tú debes creerlo. Por eso, en un momento de calentura nos convertimos en mentirosos empedernidos.

A ver si esto te suena familiar: "Nos vamos a casar y a tener bebés", "vamos a vivir lejos y voy a dejar a mi esposa". Diríamos cualquier cosa que fuera necesaria para ganar como todo buen competidor, o simplemente para acostarnos contigo.

En muchas ocasiones, las mujeres se lo creen. Por ello mi recomendación es que cada vez que escuches alguna frase de compromiso y te resulte sospechoso, recuerda mis palabras. Disfruta mientras dura, pero no creas todo lo que él te dice, porque podría ser falso.

Cuentan que Sir Walter Raleigh tiraba su abrigo en un charco para que las mujeres caminaran sobre él. Lo hacía porque tenía quince meses en altamar y estaba desesperado por acostarse con alguien. Nadie en su sano juicio le haría eso a su abrigo, ¿verdad?

Los hombres son estufas de gas y las mujeres son sartenes

El sexo se creó hace 3.5 billones de años. Una célula pequeñísima se dividió a sí misma para sobrevivir, para engendrar copias exactas. Así continuó el proceso por millones de años; sólo por accidente algo cambiaba su apariencia y por aprendizaje estas células eran mejores.

Hace casi 800 millones de años, alguna célula inteligente aprendió a compartir genes con otras, lo que significa que cualquier aprendizaje que tuvo la otra célula en su evolución podía ser transmitido de inmediato a una nueva célula, haciéndola más fuerte y más resistente que sus antecesores. Era la unión de dos células de millones de aprendizajes.

Esto generó una rapidez nunca antes vista en la evolución, porque de la combinación de células cada vez se creaban mejores bebés células. Así se crearon los gusanos, por ejemplo. Seiscientos millones de años atrás empezaron a generarse animales con cascarones y huesos y tan sólo 300 millones antes el primer animal acuático aprendió a respirar en la superficie y la Tierra se pobló. Todo gracias al intercambio de genes entre células. Como ves, el propósito del sexo es intercambiar genes para crear un ser mejor en la próxima generación de bebés. Por increíble que parezca, en algún momento de la historia de la humanidad no teníamos clara la conexión entre el sexo y tener bebés, incluso en algunas tribus y culturas todavía no la tienen clara.

El centro del sexo en nuestro cuerpo está en el hipotálamo, que tiene casi el tamaño de una cereza y pesa casi una onza. Esa parte del cerebro controla las emociones, el latido del corazón y la presión sanguínea. Es más grande en el hombre que en las mujeres. En el hipotálamo es donde las hormonas y, en especial la testosterona, hacen de las suyas para mantenernos más calientes de la cuenta. Tan sólo los hombres tienen hasta veinte veces más testosterona que las mujeres, ¡imagínate! Es por eso que los hombres tenemos el poder de hacerlo cuando sea, en cualquier lugar y casi con cualquiera.

Nuestro entusiasmo e impulsividad por el sexo tiene el claro propósito de asegurar la perpetuidad de nuestra especie. No es broma, como todos los mamíferos, tuvimos que desarrollarnos en condiciones difíciles para continuar en esta tierra. Primero que nada, nuestro impulso sexual es intenso y muy difícil de distraer. Hubo un momento en el que era importante que pudiéramos hacerlo en casi todo tipo de condiciones, incluso en presencia de posibles depredadores, es decir, casi en cualquier oportunidad que se presente. De hecho, ésa es una de las razones por las que es tan común la eyaculación precoz, pues ha sido difícil alejarse de la idea de que tenemos que apresurarnos para evitar ser atacados por depredadores o enemigos.

A eso es a lo que me refería cuando anuncié que los hombres son estufas de gas. Porque su impulso sexual, que se prende de inmediato y opera a toda su capacidad en segundos, se puede apagar de inmediato, en cuanto la comida esté lista. En cambio, las mujeres son como sartenes que se calientan leeeeentoo, necesitan tieeempoooo para lograr su máxima temperatura, y les lleva todavía más tiempo enfriarse.

La testosterona de un hombre decrece conforme van pasando los años, lo mismo que su potencia sexual, la cual disminuye en la misma proporción. Mientras que las mujeres van incrementando su potencia sexual gradualmente y el punto más alto llega entre los 36 y los 38 años. Esto explica el fenómeno de la relación entre una señora y un chavito. El hombre y la mujer son más

compatibles —desde el punto de vista sexual— cuando el hombre tiene 19 y la mujer va en sus últimos 30. Lo mismo sucede con un hombre de 40, quien es más compatible sexualmente con una mujer de 20 años.

Cuando decimos que un hombre a partir de los 19 va perdiendo potencia sexual, nos referimos a su desempeño físico, porque su deseo sexual siempre es alto, lo que significa que los de 70 son tan calientes como los de 30.

Un estudio desarrollado en el Instituto Kinsey demostró que 37% de los hombres piensan en sexo cada treinta minutos y sólo 11% de las mujeres piensa a ese ritmo (¡que nos las presenten!) Para los hombres, la testosterona mantiene los niveles de deseo altos para que siempre estén listos.

Sex health

No quiero convencerte de nada, pero existe muchísima evidencia de que el sexo es bueno para tu salud. Hacerlo tres veces por semana quema 9 000 calorías, lo que equivaldría a correr 130 km por año. Para que te des una idea, el sexo incrementa los niveles de testosterona, lo cual fortifica tus huesos y músculos. Además te llena de buen colesterol.

El Dr. Beverly Whippie, profesor emérito de la Universidad de Rutgers, asegura que "las endorfinas que alivian el dolor del cuerpo son liberadas durante el sexo y funcionan en contra de los dolores de cabeza y la artritis". Así que recurrir al pretexto de "me duele la cabeza" es pésima excusa para no hacerlo.

La hormona DHEA es liberada justo antes del orgasmo y mejora los poderes cognitivos del cerebro, fortalece el sistema inmunológico, inhibe el crecimiento de tumores y reconstruye los huesos. En las mujeres, la oxitocina (la hormona que provoca que a las mujeres les guste ser tocadas) es liberada en grandes dosis mientras se tienen relaciones y su nivel de estrógeno también se incrementa. Asimismo, el Dr. Harold Bloomfield en su libro *The Power of Five* demuestra cómo el estrógeno está asociado con mejores huesos y un mejor sistema cardiovascular. El efecto más importante de estas reacciones químicas es proteger al corazón y alargar la vida.

La lista de beneficios de hacerlo un chin... de veces es cada vez más larga. ¿Quedó claro?

¿Qué quieren los hombres del sexo y qué quieren las mujeres?

Los hombres liberamos demasiada tensión, por eso nos quedamos dormidos muy rápido. Entiendo que esto les moleste a las mujeres, pero no podemos evitarlo. Por eso es buena idea que nos concedan el deseo de hacerlo con dos mujeres al mismo tiempo; así, cuando nos quedemos dormidos ustedes dos pueden quedarse platicando todo el tiempo que quieran... ¡Ah, verdad!

Otra cosa importante es que nosotros usamos el sexo para expresar físicamente lo que no podemos expresar emocionalmente. Es muy probable que cuando estemos buscando trabajo o debamos resolver un problema, el sexo nos ayude a estar más tranquilos. Está comprobado que un hombre que no ha tenido sexo por un tiempo considerable tiene problemas para pensar y para escuchar; es más, ni siquiera debe manejar porque podría incrementar el índice de accidentes de tránsito. Incluso, existe una distorsión especial donde tres minutos empiezan a parecer quince. Todo esto por no tener sexo con regularidad. ¡No lo olvides!

Volvamos al punto. Un hombre necesita liberar la tensión. Un hombre necesita vaciarse de esa presión. Las mujeres necesitan justo lo opuesto. Las mujeres necesitan llenarse de caricias y pláticas. Casi es un prerrequisito. Una mujer necesita en promedio treinta minutos de caricias para estar lista para el sexo, un hombre treinta segundos. La diferencia es grande.

Justo después del sexo las mujeres conservan un número increíble de hormonas, están listas para comerse el mundo. Quieren caricias, humor y conversación. Y el hombre quiere dormir. Creo que saber estas diferencias te ayudará a no tomarte estas secuencias naturales como si fueran personales. Es verdad que si esto lo entendieran los hombres, serían mucho mejores amantes. Quizás, sería bueno que lo platiques con tu pareja para que los dos estén conscientes.

El orgasmo como objetivo

"Ella sólo me ha utilizado, viene cuando quiere que tengamos relaciones y después me deja solo. Estoy cansado de ser un objeto sexual solamente." Nunca un hombre diría esto. Para el hombre, el único objetivo del sexo es el orgasmo y cree que también es lo mismo para las mujeres. No existe nada más falso, pero esta creencia nos hace muy desdichados. No podemos imaginar que una mujer se sienta satisfecha sin tener un orgasmo. Como nosotros

no podríamos estar satisfechos, creemos que lo mismo sucede con la contraparte. Por eso calificamos nuestro desempeño con base en esa idea. Tal vez ésa sea la respuesta de por qué las mujeres se ponen tensas y a veces fingen y reducen aún más la probabilidad de llegar al orgasmo. Pero no lo sé.

Una mujer realmente necesita esa sensación de cercanía y cariño para crear esa abundancia dentro de ella. A eso lo llamo buen sexo. Para ella, el orgasmo es un extra y no el objetivo. Esta confusión hace que los hombres pasemos demasiado tiempo viendo sus reacciones para tratar de cumplir nuestro "resultado". Eso nos distrae. La intención es valiosa, porque en realidad queremos hacerlo bien para la mujer, pero nos confunde. Y eso desperdicia nuestra energía. Imagínate que el hombre canalice todo ese esfuerzo en lo que sí te llene y deje de preocuparse porque alcances o no el orgasmo. Así seguro llegarías tú.

Éste es un tema con el que los hombres sufrimos mucho. Nosotros no podemos fingir, ni mentir aunque a veces se nos olvide. El condón ha puesto en ridículo a muchos hombres con el clásico:

Un hombre y una mujer se encuentran en lo mejor del sexo cuando, de pronto, él le dice a ella:

> **—¡Me avisas cuando termines!**
>
> Treinta segundos después, que para él son como dos horas, vuelve a decirle con evidente tono de desesperación:
>
> **—Me avisas, ¿va?**
>
> Y ella, concentrada en lo suyo, segundos después (que para él ya son una eternidad) le contesta:
>
> **—No he terminado...**
>
> **—...**

Las mujeres se toman este tema mucho más a la ligera, pero para nosotros es un tema de vida o muerte. Para nosotros es nuestra responsabilidad por completo. Y desgraciadamente, aunque parezca que nuestro cuerpo puede "durar más", fisiológicamente es imposible después de una primera eyaculación porque el hombre entra en un "período refractario", o sea una fase donde ya no se puede y termina dándose cuenta de que había terminado antes.

(CAPÍTULO / 6)

DURANTE EL SEXO

Dar y recibir

Es un hecho que en la actualidad el hombre realmente está preocupado y entusiasmado por excitar a su pareja sexual, incluso, a veces parece igual de importante dar placer que recibirlo. Los hombres amamos nuestro orgasmo, pero también tenemos cierta fijación con el tuyo. Que la pasemos bien depende mucho de que tú la estés pasando bien. Tu entusiasmo es imprescindible para calentar un poquito las cosas entre los dos.

Para nada quiero decir que finjas un orgasmo sólo para complacer al hombre. Lo que digo es que no te comportes durante el acto como si prefirieras desmaquillarte. Si crees que es mucho pedir, tan sólo imagina que tú quisieras darnos gusto de alguna manera, creando una velada romántica con velas, servilleteros y miles de detalles, mientras nosotros bostezamos y te pedimos que te apures porque queremos ver el partido o meternos a la cama.

Lo único que te pido es que cuando lo estés haciendo, te relajes un poco, que bailes. Él va a estar feliz y es probable que descubras que también tú lo estás disfrutando.

El poder de la lencería

La lencería es mágica, tiene varias virtudes que la hacen sumamente poderosa. Primero me gustaría empezar por lo que logra en ti.

No hay nada más sexy en una mujer que sentirse segura. No hay nada que pueda hacerte ver mejor para los hombres que eso. Piensa en un coordinado que te haga sentir bien, poderosa y sexy. Cambia tu día.

Generalmente, la ropa interior es la primera decisión que tomas todos los días. Piensa diferente. Abre ese cajón envuelta en una toalla y decide quién quieres ser. Si te pones algo que te quede bien y que te haga sentir bien, el resto de las decisiones de tu día serán positivas.

Pensemos en la mujer A, que se pone el bra que usó ayer y una panty muy cómoda que tiene un hoyito en la esquina, es de otro color pero es comodísima. De seguro le importará poco qué se pondrá después. Incluso frente al espejo, a punto de salir, opta por recogerse el pelo en un chongo a media nuca. Prefiere no pintarse, cree que en verdad no tiene nada importante ese día como para esforzarse más. Así sucede el resto del día, discutiría con el taxista porque le quiere cobrar más, pero la verdad no tiene ganas de pelear hoy. En su oficina, las cosas salen regular. Entra a una junta donde están hablando de planes de expansión por Centroamérica. Ella piensa que es

mejor idea crecer hacia Norteamérica porque ha estado leyendo ciertos artículos que hablan de un *boom* económico en ese sentido. Pero está agotada de discutir y tratar de convencer a todo el mundo. Así que no dice nada. De regreso, se para en un Oxxo cerca de su destino y un chavo que parece ligeramente menor que ella le sonríe y le pregunta alguna cosa trivial, evidentemente porque le gusta. Pero ella lo corta de tajo, no tiene interés en andar ligando en el Oxxo un lunes a las diez de la noche.

Ahora pensemos en la mujer B. Ella se pone un coordinado rojo, que le queda espectacular. Se para con tanta pose frente al espejo que no se quiere ni poner la demás ropa. Tiene que usar falda ese día. Sonríe frente al espejo porque sabe que hoy está increíble. Se siente medio loca de comprarse ropa interior así, pero algo le gusta de la travesura. Se deja el pelo suelto para que le caiga sobre los hombros porque el top strapless que se puso tal vez sería demasiado para ir a la oficina en lunes. Prefiere pintarse. En verdad no tiene nada importante ese día como para esforzarse tanto, pero está disfrutando de esos veinte minutos en su clóset para ella. No tiene novio y nadie la va

ver, pero todo esto vale la pena. Así sucede el resto del día.
Se pelea con el taxista porque le quiere cobrar más. Baja
del taxi, le azota la puerta y paga lo justo pues no tiene
por qué pagarle más. Sabe que no es algo tan importante.
Al poco tiempo ni siquiera se acuerda. En su oficina, las cosas salen regular. Entra a una junta donde están hablando
de planes de expansión por Centroamérica. Ella piensa
que es mejor idea crecer hacia Norteamérica porque ha
estado leyendo ciertos artículos en los que se habla sobre
un *boom* económico en ese sentido. Está agotada de discutir y tratar de convencer a todo el mundo. Pero toma la
palabra, cree que tiene la razón y Dios le dio la boca para
hablar. De regreso, se para en un Oxxo cerca de su casa y
un chavo que parece ligeramente menor que ella le sonríe
y le pregunta algo medio trivial, evidentemente porque le
gusta. Pero ella le contesta jugando, no tiene interés en
andar ligando en el Oxxo un lunes a las diez de la noche.
Aunque piensa que ojalá se lo encuentre otro día que sí
tenga ganas.

Es cierto que las condiciones del día no cambian,
pero son tus reacciones a esas condiciones las que hacen

la diferencia. Un buen comienzo confirma lo contenta que estás contigo misma. ¡Haz la prueba mañana y verás lo que se siente!

La ropa interior para el hombre es demasiado excitante y las razones son sencillas. Una mujer que se viste con ropa interior sexy lo hace para sí misma, y le convida un cachito a él y solamente a él. Es un resultado obtenido en nuestro cerebro de chango. Qué importa si eres talla extra grande, ¡estás envuelta para nosotros!

Antes de que podamos verte la celulitis en la coordenada 36, o el gordito bajo el brazo, ya estamos encima de ti. No te juzgues en el espejo por cómo te ves tú, los hombres vemos diferente, vemos el paquete completo, nunca dividimos en partes como los ojos de las mujeres, como leíste en capítulos anteriores.

La importancia de la variedad

El cerebro de un hombre está programado para buscar variedad. Como la mayoría de los mamíferos, el hombre busca cuantas hembras sanas pueda para copular (sé que se oye feo, pero son los términos de mis libros de psicología evolutiva, es por eso que los hombres fantasean con lencería sexy en una relación monógama. Los hombres podemos fantasear con un harem por el simple hecho de que nuestra pareja se vista de diferente manera. Muchas mujeres saben que la lencería es poderosa con los hombres, pero muy pocas entienden por qué. En Navidad, el 14 de febrero y el día de la secretaria, las tiendas de ropa interior se llenan de hombres buscando el atuendo perfecto para sus parejas. Yo he escuchado decir a mujeres que tienen esos regalos en el fondo de su cajón: "Yo no soy así, esto definitivamente no es para mí." "Quiere que me vista como una fácil." A ellas se les olvida que

una "fácil" es una mujer que conoce bien a sus clientes y ha desarrollado toda clase de habilidades para lograr un trato. Casi como lo que Herdez investiga para vender chiles (bueno, más o menos).

Estudios serios de infidelidad han demostrado que las mujeres que usan variedad de lencería tienen hombres considerablemente más fieles que las mujeres que prefieren la lencería monocromática y simple. La lencería definitivamente es un remedio para mantenernos *únicamente* en tu cama.

"Los hombres sólo quieren sexo"

Los hombres quieren sexo, las mujeres buscan amor. Dos sentencias que en sí mismas encierran cierta complejidad. Y aunque hemos sabido esto por años, la pregunta es: ¿por qué es así y qué podemos hacer sobre eso?

Si una mujer nos dijera lo que realmente busca en un hombre sería: espalda ancha, cintura reducida, piernas y brazos envidiables –el equipo necesario para atrapar y luchar contra los animales grandes–, además debe ser cariñoso, preocuparse por ella y ser muy, muy sentimental. Buscan un hombre que esté al pendiente de lo que ella necesite y que le guste platicar. Esto es imposible, ¡no puedes pedirle a un animal salvaje que se comporte como vieja!

Un hombre tiene que aprender a desarrollar ciertas habilidades para tratarte así. Esas cosas no están programadas en su código evolutivo. Es un cazador, recuérdalo, está programado para resolver problemas, para perseguir la chuleta y para pelear contra sus enemigos. Y al final del día, su única prioridad es mover la pelvis para mantener a su tribu bien poblada.

Una mujer debe sentir amor para tener deseo sexual. Debe sentirse adorada. Ésta es una clave importante que perdemos de vista. Los hombres necesitamos del sexo para conectarnos con nuestras emociones; por desgracia, las mujeres necesitan que hagamos eso antes para tener sexo. Esto tiene una explicación: el cuerpo del hombre es menos sensible que el de la mujer, porque hace millones de años era necesario cazar en las peores condiciones, con heladas, incendios, etcétera. En la vida de un *homo erectus* no había lugar para sentimientos, estaba llena de lucha, muerte y sufrimiento. Para un hombre moderno, perder tiempo en comunicar o expresar compasión significa desconcentrarse y dejar a la tribu vulnerable a toda clase de peligros.

Las mujeres tienen que entender que eso ha cambiado mucho para nosotros. Realmente es un conflicto para los hombres el bagaje que traemos al mundo actual. Las mujeres aprenden desde muy jóvenes que los hombres sólo quieren sexo, pero eso no es completamente cierto. La cosa es así y quiero dejarla clara: los hombres queremos amor, pero sólo podemos conseguirlo a través del sexo.

Las prioridades sexuales entre géneros son tan distintas que no tiene sentido criticarse unos a otros. No podemos cambiar nuestra naturaleza, porque es simplemente la forma en la que estamos hechos. Además, ser opuestos es lo que más nos atrae a unos de otros.

Hablar durante el sexo, ¡imposible!

No tengo que repetir otra vez que los hombres sólo podemos hacer "una cosa a la vez". Cuando tenemos una

erección, experimentamos dificultades para hablar, escuchar, oír o manejar, ¡y las mujeres quieren hablar mientras lo hacemos!

A los hombres nos encanta escucharte, pero antes del sexo, no durante él. Un hombre no puede permanecer haciendo lo que está haciendo si habla. Pierde concentración y erección. La razón es simple: un hombre usa el lado derecho del cerebro para tener sexo, y el escáner cerebral se ve tan intenso que prácticamente durante el sexo estamos sordos.

En cambio, para las mujeres es crucial antes del sexo —¡durante y después!— porque las palabras son importantes para llegar al ánimo indicado. Y, de repente, nosotros dejamos de hablar y ustedes empiezan a preocuparse por si seguimos o no interesados. En un momento, nosotros sólo queremos escuchar los "ooohs" y "ahahahassss" para medir cómo vamos y recibir la satisfacción que andamos buscando. Y si dicen algo inteligible, tenemos que contestar y el momento especial puede perderse.

El cerebro de las mujeres no está programado para responder tan dramáticamente al sexo como el cerebro de los hombres. Durante el sexo, las mujeres siguen totalmente pendientes de sonidos externos o cambios en el ambiente, no es broma. Pero a un hombre se le puede derrumbar el edificio encima y no se da cuenta de nada. Éste es el sentido biológico "cuida nidos" en acción.

Los juguetes sexuales son de niñas

Te diré algo: no nos gusta competir con penes gigantes de plástico, que a veces son el doble de grandes que el nuestro y encima vibran. Actúan como la criptonita para

Supermán. Ese pedazo de plástico confronta nuestra virilidad. Esa disponibilidad absoluta que sólo necesita pilas es un competidor infalible. Sí nos gusta competir con los demás por goles, por sueldo o por tamaño, pero esos aparatos reducen nuestra autoestima. Punto.

Tal vez no deberíamos tener de qué preocuparnos porque el órgano sexual más poderoso es la mente. Con la mente podemos crear fantasías e historias donde convivir con nuestra pareja, teniendo los cinco sentidos conectados. Por ello, niñas, mantengan guardados los juguetes cuando estemos cerca.

Las gordas y las maduras en la cama

Para estas alturas del libro debes haber entendido que lo que tú y tus amigas creen que es belleza, para nosotros no lo es.

No hay nada más sexy que una mujer del peso que sea, pero que tenga una actitud segura de sí misma. Que se crea y se sienta hermosa. Que esté enamorada primero que nada de sí misma. Una mujer que en la cama realmente te invite a un mundo maravilloso, mucho más pleno, que el de una mujer insegura, aunque esté flaca y sea 90-60-90. Nuestra erección viene del deseo, que sólo se consigue cuando lo que enfrente tiene valor. Ese valor es para quien se lo da a sí misma. Nadie puede dártelo, y mucho menos la báscula.

"Gallina vieja hace buen caldo", dice el dicho. Las mujeres grandes ya pasaron la etapa de prueba y error. Para ellas se acabaron las inseguridades y los miedos inútiles, porque saben y están seguras de lo que quieren ser. Una mujer mayor se siente completa y puede compartir su vida con alguien. Ya ha vivido todo, ya le rompieron el corazón y ya ha llorado el mal de amores. Ya se cayó varias veces, recogió sus pedazos y se volvió a levantar con más fuerza que antes.

Esas mujeres no odian su cuerpo, no lo maltratan, ya lo aceptaron tal como es y se dedican a cuidarlo sin ninguna obsesión por que saben que es el vehículo que tienen para sentir la vida y saborear sus placeres. La celulitis, las estrías, las lonjas son cicatrices de batalla, no traumas. Generalmente, deciden explorar su sexualidad y disfrutarla. Las mujeres en edad adulta tienen un segundo aire que las empuja más allá del primero.

CAPÍTULO 7

NUESTRAS EMOCIONES

¿Por qué escondemos nuestras emociones? osotros crecemos escondiendo nuestras emociones, nunca hablamos de cómo nos sentimos con nadie. Las mujeres están acostumbradas a hablar con sus amigas y recibir consejos. Eso no existe para nosotros. Los hombres usamos nuestra autosuficiencia como medallas de honor; eso nos deja muy solos para resolver temas complicados y angustias que, por supuesto, llevamos muy dentro.

Nuestras inseguridades están cubiertas por nuestra propia arrogancia y nuestros miedos los disfrazamos de valentía. Muchos de nosotros nos encerramos en los deportes; ése es el único lugar donde nos sentimos con derecho de gritar, llorar, enojarnos y hasta abrazarnos uno al otro. Es la única fase emocional que tenemos permitida. Cuando veas a dos hombres ridículos pintados de azul con amarillo, enseñando barriga y, por qué no, también pintada, haciendo un total ridículo, bueno, pues siente la misma consideración que sientes por tu amiga cuando llora incansablemente.

Otro momento en el que podemos actuar de una manera menos controlada es durante el sexo. Por eso recurrimos a él cuando tenemos un problema y estamos nerviosos. Imagina una vida donde todo debe estar controlado, donde eres el hombre de la casa y no puedes tener miedo cuando sí lo tienes, donde no puedes estar nervioso porque los demás empeorarán si te ven así.

No es fácil, pero así es como nos toca. Es importante que estés consciente de por qué muchas de nuestras actitudes son resultado de esto. Sexo y deportes, las únicas actividades que nos dejan quitarnos la armadura. ¡Ah, qué alivio!

Un clavo saca otro clavo

Como ya señalé, los hombres no tenemos el mismo soporte emocional que tienes tú. Por eso nos recargamos en algo externo para sobrepasar un dolor o sufrimiento. Después de un rompimiento desastroso, lo primero que hacemos es buscar a otra mujer que nos ayude a curar rápido esa herida. Alguien que no nos deje tiempo para estar solos y seguir extrañándote. No nos gusta estar expuestos a ese dolor solos y mucho menos a expresarlo y ridiculizarnos en el camino. Y la única forma de sobrepasar el trago amargo es enfocarnos en otro objetivo (entiéndase otra mujer). En este punto, reacomodamos objetivos y actuamos rápido, entre más lastimados más rápido actuamos. Ahora podrás entender que si después de romper contigo tu expareja se fue corriendo con otra, es un reflejo claro de lo intenso que fue para él perderte. Entre más te ama un hombre, más rápido lo encuentras en los brazos de otra mujer.

Sexo, comodidad y compañía

Los hombres buscan una pareja para conseguir sexo, comodidad y compañía. Generalmente en ese orden. Al contrario de las mujeres, nosotros no estamos buscando respeto, solvencia económica, seguridad y consejos. Estamos contigo porque nos gusta pasar rato contigo. Así de simple.

Los hombres somos muy independientes, estamos educados y programados para tomar decisiones sin consultar a nadie. Vivimos con la responsabilidad absoluta de nuestras acciones y, principalmente, de nuestra solvencia económica. De hecho, actuamos deliberadamente sin pensar en las consecuencias.

Que busquemos comodidad no significa que queremos que estés a nuestra disposición; lo que buscamos contigo es formar un oasis, donde se creen menos problemas de los que tenemos afuera. Queremos estar contigo porque a tu lado podemos crear ese pedacito nuestro del mundo, alejado de la constante responsabilidad de cazar para comer, es decir, de ser el hombre en la casa.

La compañía es importante para nosotros. Nunca olvides que queremos divertirnos contigo. Los cuates sólo estamos compitiendo y burlándonos unos de los otros (por supuesto que la pasamos bien, pero ellos no incrementan nuestro ego y tampoco entretienen al pequeño *Director de la orquesta*). Es contigo con quien deseamos divertirnos.

Si la mujer es divertida y pasas un rato agradable con ella, has ganado. Para nosotros, la definición de felices para siempre, que para ti sería una escena con un caballo blanco, un príncipe de ojo azul y un castillo, para nosotros sería: sexo atrevido a menudo, la **comodidad** de ser nosotros mismos –incluso con nuestros defectos– y la **compañía** que construye un buen entendimiento y respeto entre los dos.

¿Puedes reclamarnos por esperar eso?

(CAPÍTULO / 8)

¿POR QUÉ PONEMOS LOS CUERNOS?

o único que les gusta más a los hombres que las mujeres, son las mujeres extrañas. Sí, éste es un momento duro sobre la verdad del hombre. Aunque pretendamos vivir con esa mentira que dice que el hombre y la mujer están diseñados para tener una sola pareja, no deja de ser contraria a cada fibra de nuestro organismo masculino.

Ve la cara de cualquier hombre cuando le dices que sólo tendrá relaciones con una mujer para toda la vida. Te daré explicaciones científicas sobre ello, y espero que al final tus conclusiones no sean tan severas como hasta ahora.

La buena noticia de esto es que no siempre –y te podría decir que mucho menos de lo que crees– ponerte los cuernos tiene que ver contigo. Poner los cuernos no significa que el hombre no te quiere y mucho menos que no le gustas. No es personal, más bien es biológico. Los hombres pueden engañarte con otra mujer en la mayoría de los casos por una sola razón: **porque se les presenta la oportunidad**. Así de simple y así de primitivo.

Para el género masculino, la monogamia no es natural. Y aunque tratemos de enfocar toda la atención en una mujer especial, vivimos una lucha interna de mucho esfuerzo porque la idea de una mujer extraña es casi irresistible. No tiene nada que ver lo hermosa, lo sexy y lo maravillosa que seas tú en la cama. Tienes una limitante que puedes trabajar, pero no deja de serlo, tú estás limitada a ser tú y nadie más. Nada nuevo.

Es importante que no eches en saco roto lo que te digo. La mayoría de los hombres caemos en la tentación de una aventura porque simplemente se nos presenta la oportunidad. No tiene nada que ver con ninguna insatisfacción o un mal momento en tu relación.

¿Por qué la biología masculina busca a la mujer extraña?

Inconscientemente, a nivel celular el ADN masculino y egoísta sólo tiene un objetivo: esparcir esperma para lograr maximizar las posibilidades de que su información genética sobreviva. Por eso la naturaleza mantiene siempre alerta a los hombres de un nuevo objetivo, incluso más de uno al día.

Déjame intentar ser más claro. Nuestra especie no es monógama por naturaleza, de hecho, durante 80% de nuestra historia como humanidad fuimos una especie polígama y la razón principal era sobrevivir.

La monogamia también existe en la naturaleza; hay muchas especies monógamas como el zorro (y la zorra... qué contradicción), el águila y el ganso. En estos casos, prácticamente siempre ambos géneros tienen el mismo tamaño físico y las obligaciones como padres se dividen 50/50. En las especies polígamas, los machos son más grandes, más coloridos, más agresivos y se involucran con sus hijos menos que las hembras. En estos casos, también los machos maduran sexualmente después que las hembras, para que no existan conflictos entre machos mayores y jóvenes menos experimentados a sobrevivir en una pelea. Demasiadas coincidencias, ¿no crees? Somos una especie que se amolda al patrón de la poligamia, por eso no es nada sorprendente lo duro que es para los hombres permanecer monógamo.

¿Dónde queda el matrimonio en un estilo biológico totalmente polígamo? Si la raza humana debe ser monógama, ¿por qué tiene a un macho ridículamente promiscuo? La respuesta es clara.

La promiscuidad del hombre está arraigada en su cerebro por una herencia evolutiva. En la antigüedad las guerras y las cacerías diezmaban la cantidad de hombres de una población. Eso le daba sentido sumar unos cuantos hijos a la tribu. Imagínate una guerra que aniquilaba a una buena parte de la tribu. La mejor forma de que la tribu sobreviviera era que los hombres que lograban regresar construyeran un harem para recuperar el número de sus habitantes. ¿Tú qué piensas?

Puede ser que de ahí venga la creencia de que dar a luz a un varón es mejor noticia porque hay mayores probabilidades de defender a la tribu (esta idea todavía sigue en la cabeza de algunas mentes retrógradas). Mientras que dar a luz a una mujer significaba una decepción. Cuando el número de mujeres en la tribu era mayor al de hombres empezaban los problemas.

Por más antiguo que esto parezca, déjame decirte que así fueron las cosas por cientos de miles de años. Tristemente, esta idea de la monogamia ha creado una sólida industria multimillonaria de pornografía y sexo. Repito: el hombre no está programado biológicamente para la monogamia y necesita continuamente estimulaciones cerebrales polígamas. Esto para nada es una excusa para que aceptes que los hombres sean infieles.

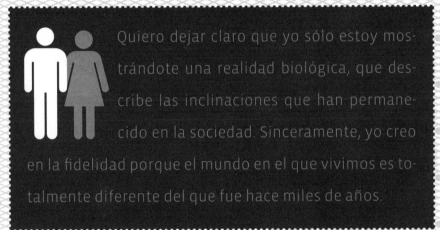

Quiero dejar claro que yo sólo estoy mostrándote una realidad biológica, que describe las inclinaciones que han permanecido en la sociedad. Sinceramente, yo creo en la fidelidad porque el mundo en el que vivimos es totalmente diferente del que fue hace miles de años.

El hecho de que un impulso sea instintivo o natural no significa que sea bueno para la sociedad que estamos construyendo. Por ejemplo, el cerebro de los mosquitos tiene una atracción instintiva con luces brillantes, y eso les permite volar en las noches con la ayuda de las estrellas y la luna.

Pero en el mundo en el que vivimos, que suele ser dramáticamente diferente al del primer mosquito, pues hace que su primera causa de muerte sea estrellarse contra las luces de los coches.

Los hombres tenemos un cerebro que nos permite decidir si aceptamos o no a una mujer insinuándose, incluso si está en juego nuestra propia relación. Es más, la consciencia, de la que hablamos en otros capítulos, nos dictará qué hacer al momento de conservar nuestro compromiso o incinerarnos como los mosquitos.

El efecto del gallo

El gallo puede aparearse con gallinas casi incesantemente, más de 60 veces por día (¡qué envidia!). Sin embargo, el gallo no puede tener relaciones con la misma gallina más de cinco veces en un mismo día. Para la sexta vez, ha perdido totalmente el interés y simplemente no puede poner de pie a su gran amigo. Pero si le presentan una nueva gallina, puede montarse en ella con el mismo entusiasmo que mostró la primera vez de la gallina anterior. A este comportamiento se le conoce como "el efecto gallo o efecto Coolidge".

Con los toros pasa lo mismo. Ellos no pueden tener más de siete apareamientos con la misma vaca, pero si les presentan una nueva (o hasta diez nuevas) seguirá dando un rendimiento impresionante. Así actúa la naturaleza. Se asegura de que no se desperdicie energía y que se maximice la posibilidad evolutiva. Primero, porque entre más se disperse la semilla, habrá más conservación de la especie. Entre más extrañas sean las parejas de estos mamíferos, más intercambio de código genético existirá. Es decir, la base de la evolución sigue su curso.

¿Qué puedes hacer para que tu pareja sea fiel?

Todos hemos visto gente famosa que prácticamente lo tiene todo y aún así se lo juega simplemente por un rapidín que, a ojos de cualquiera, parece ridículo.

A todos nos sorprendió ver a Hugh Grant arriesgando su relación con Elizabeth Hurley (sin duda, una de las mujeres más hermosas del mundo) por un encuentro ocasional con una prostituta en el asiento trasero de su coche. O bien, el escándalo de un conocido golfista, enseñándole su "California especial" a una mesera en Japón; o incluso peor, al hombre más poderoso del mundo metiéndose con una mujer de físico promedio, como Mónica Lewinsky. Mi opinión es que sí te puede pasar, pero puedes evitarlo si ambos construyen una sólida relación todos los días.

TIPS

1. Conviértete en una mujer extraña. Sí, así como se oye. Lo más importante que puedes hacer es huir de la rutina. Cámbiate constantemente de look, cambia los lugares a los que van, vístete diferente, usa ropa interior sexy y juega con tu pareja. En general, trata de que cada vez algo sea distinto.

2. Que tu pareja sea tu prioridad numero uno (ojalá él también haga lo mismo). Se ha comprobado que aquellas parejas que tienen como prioridad su carrera, su trabajo o sus hijos, tienen alto riesgo de desaparecer.

3. Construyan un grado de confianza ilimitado, no hablen con nadie de nada que no han hablado entre ustedes.

4. Conéctense todos los días. Las parejas que siempre

se dan el tiempo para discutir y hablar sobre sus pensamientos tienen menor riesgo de infidelidad.

5. Eviten lo más posible las situaciones que permitan que el nacimiento de una aventura suceda. Evítalo y trata de esquivar circunstancias en donde cualquiera se pueda sentir atraído por otra persona.

¿Por qué las mujeres son menos traviesas?

Un estudio realizado por el American Health Institute demostró que a 82% de los hombres les gustaría participar en una orgía con extraños; mientras que sólo 2% de las mujeres dijo estar dispuesta.

Algunas de las razones que provocan esta diferencia están relacionadas con la percepción de género. El asunto de la promiscuidad del hombre en gran parte se debe a la dominación de la cabeza de abajo sobre la cabeza de arriba en situaciones relacionadas con el sexo. En otras palabras, los hombres no podemos pensar racionalmente cuando el sexo está en juego. Regularmente, no planeamos una aventura, simplemente sucede. En cambio, las mujeres trabajan sus infidelidades en la cabeza mucho antes de que se consuma.

Una explicación química de por qué hay menos mujeres que hombres infieles es que el hipotálamo de la mujer es más pequeño que el del hombre y tiene poca cantidad de testosterona para activarlo. ¡¡Debe haber una razón por la que la naturaleza creó a un hombre tan promiscuo y lo maldijo con mujeres que se dan tanto a desear!! Creo que esto tiene que ver con el tiempo de gestación y los años que necesita un bebé para ser autosuficiente.

En especies como los conejos, cuyo tiempo de gestación es de seis semanas y el desarrollo de las habilidades de los bebés conejos se da en sólo dos semanas (esconderse, comer y correr), no hay necesidad de tener al papá conejo defendiendo, cuidando y proveyendo a la familia. En cambio, en buena parte del período de gestación de la raza humana, la mujer esta físicamente restringida para varias actividades y su cría no podrá sobrevivir sin la presencia de la madre hasta los cinco años. Por eso, el cerebro de la mujer está programado para buscar una pareja que permanezca cerca y se comprometa el tiempo mínimo para defenderla y proveerle a ella y a sus crías. Desde esta óptica, las relaciones de las mujeres no pueden estar basadas sólo en sexo, pues ellas buscan siempre una relación para un período más prolongado.

¿Cómo darte cuenta de que te engaña?

A continuación te presento los seis signos de alerta en una relación:

1. Cambios de rutina. Cuando un hombre deja su adicción por la tele y se mete al gimnasio, por ejemplo.

2. Cambios en el sexo. ¿No habrá alguien *coachándolos* para eso nuevo que hace? O bien, él ya no está interesado.

3. Cambios de aspecto, y en su forma de vestir. Usualmente la gente no cambia de estilo tan fácil.

4. Viajes de negocios. Cuando los viajes de él ya son demasiados y aparecen sin razón convincente. Si deja de invitarte a un evento de su trabajo, prende tus luces preventivas.

5. Reacciones nerviosas. Cuando suena su teléfono y lo contesta lejos de ti, por ejemplo.

6. Cambios tecnológicos. Cuando de repente prefiere mandarte *e-mails* o textearte que marcarte por teléfono.

(CAPÍTULO / 9)

HOMBRE Y MUJER, ¿AMIGOS?

 Pueden los hombres y las mujeres coexistir en una relación de amistad sin ir más lejos de lo que deberían como amigos, o siempre alguien quiere más?

Mucha gente cree que los miembros del sexo opuesto nunca pueden ser amigos; muchos argumentan que uno de los dos siempre quiere algo más, que aunque no actúe de esa forma el deseo siempre esta ahí. La verdad es que un hombre y una mujer no pueden compartir una relación sólo de amistad.

Te pido por favor que, si tú crees que esto es posible, vuelvas a empezar el libro porque no has entendido nada. Haz una lista de cinco amigos tuyos, hombres heterosexuales que pudieras asegurar que no están interesados en tener nada más que una amistad contigo.

1._____

2._____

3._____

4._____

5._____

¿Ellos han hecho algo por ti como salvarte de alguna situación incómoda? Por ejemplo, se descompone tu coche, se poncha la llanta, te dan un aventón desviándose por más de treinta minutos, se llevan increíble con tu mamá, etcétera.

Pregúntate, ¿alguna de tus amigas mujeres haría algo similar por ti?

Si alguno de ellos tuviera la oportunidad de acostarse contigo, ¿crees que traicionaría su amistad y lo haría?

¿Y si los que contestaran fueran ellos? ¿Qué dirían?

Una relación de amistad entre ♀ y ♂ es im-po-si-ble. Prácticamente, sin excepción. Te aseguro que todos los hombres a los que consideras tus amigos se acostarían contigo a la primera oportunidad, a menos que estén en una relación seria, sean muy religiosos o gays. Y, aun así, en la situación correcta y quizás con un poquito de ayuda, el reconocido y pequeño Director de la orquesta estaría al mando.

En realidad, los hombres no te buscan porque quieren que seas su amiga. Te buscan porque les gustas y están tratando de encontrar el camino más inteligente para llegar debajo de tu ropa. No es que no aprecien tu compañía, pero la apreciarían más si estuvieras desnuda y arriba o abajo, da igual.

Es obvio que incluso en una relación de amistad buscamos estar alrededor de gente que nos gusta y eso es estimulante en cualquier nivel. La línea entre amistad y romance termina siendo muy delgada, porque además los hombres no valoramos nada con la cabeza de abajo y el riesgo de perder la amistad pasa casi inadvertido para nosotros.

Amigos con beneficios

Estar enamorado puede ser lo mejor, pero no deja de ser estresante y agotador. A veces, nosotros sólo queremos compañía ocasional, sin todas las responsabilidades que implica una relación seria. En este sentido, esto parece ser una maravilla con todo lo bueno de una relación, pero sin ningún compromiso. Piensa en esto: en una relación ocasional, no tienes que llevarla a cenar, nada de flores ni regalos y no das explicaciones de con quién estás y qué estás haciendo. Es como estar con un cuate más pero en lugar de echar una chela, te puedes echar un buen revolcón.

Sin embargo, nuestra naturaleza deja todo esto en la teoría. En el papel se ve bien, pero la verdad es que los seres humanos buscamos amor. Siempre que hay sexo involucrado, las mujeres tienden a prolongar las relaciones. Lo que en teoría podría ser una relación genial, en la práctica termina mal. Así es la vida, contradictoria. Empiezas a pasártela mejor de lo que esperabas, los besos se vuelven apasionados, empiezas a chatear con él todo el día, cuando se ven no necesariamente es para tener relaciones. Y es en este punto cuando la cabeza te traiciona y las co-

sas empiezan a cambiar. Además, el sexo siempre mejora entre más estás con la otra persona, porque aumenta la comunicación y eso, en la cama, siempre tiene un cambio positivo.

Pero un día, sin previo aviso, tu amigo con beneficios se vuelve la persona más importante en tu vida. Ir sola a una fiesta ya te pesa demasiado. Que él no disimule cuando ve a otra mujer, para ti ya no es chistoso. Y así, terminamos construyendo algo donde se suponía que no había material.

(CAPÍTULO / 10)
LAS TRECE COSAS POR LAS QUE NOS AMAS

**E**s obvio que tenían que ser más de nueve. Aunque los hombres seamos más changos que personas y unos super calientes de lo peor, en el fondo, queremos proteger a las mujeres y hacemos cualquier cosa por ustedes, porque para nosotros, son más que unas diosas.

1. Cuando un hombre ama, lo hace de verdad y sin condición

Cuando un hombres ama lo hace de verdad; se olvida de sí mismo para hacer sentir amada a su pareja, no para cubrir sus deficiencias. Un hombre enamorado nunca está fastidiando y no actúa de manera infantil. Simplemente ama y punto. Un hombre enamorado te hará sentir valiosa y será feliz por ello.

2. Un hombre valora y disfruta tus virtudes

Nadie mejor que un hombre para ver lo bueno que hay en ti. Un hombre ve a su pareja con toda la sinceridad y con todo el optimismo. Nunca serás criticada por un hombre que te ama ni te hará daño con sus palabras siendo hipócrita.

Aunque los defectos sean muchos, él los reconocerá pero los hará pequeños y te aceptará con ellos. Porque un buen hombre sabe que si recibe tus defectos con humor y les da poca importancia, eso te da la fuerza para resolverlos. En cambio, si te condena por ellos, perderás la fuerza y la alegría. Un hombre nunca será feliz con una mujer débil, sin autoestima y sin fuerza. No lo olvides.

3. Para un hombre eres la mujer más bella del mundo

Para un hombre enamorado, su mujer es la más bella del mundo, la más hermosa; y no importa si para las demás esté flaca o demasiado gorda. No importa si tiene la nariz rara o su peinado esté horrible, lo más probable es que él ni siquiera lo note. Si una mujer se quiere sentir bella, basta con que se vea a través de los ojos de su pareja. Un hombre enamorado sentirá pasión por su mujer aunque ella use *panties* de abuelita, porque un hombre enamorado te quiere exactamente como eres.

4. Un hombre siempre te apoyará

Siempre contarás con un hombre para lo que necesites, sea por la razón que sea, y aunque esa razón esté bajo tu falda, al final él siempre será incondicional. Un hombre es un buen aliado con quien conversar porque nunca temerá ser tu apoyo incondicional.

5. Un hombre te respeta y te admira

Para ser feliz, un hombre debe querer y admirar a su mujer. Ese respeto es inconfundible cuando un hombre está enamorado. Nosotros lo gritamos a los cuatro vientos. Si miras con cuidado, verás un brillo en sus pupilas que dice exactamente éso. Él, y aunque sólo sea él, en realidad aprecia todo tu valor y, por lo general, mucho más que tú misma.

6. Un hombre se esfuerza por escucharte

Sabemos que esto no es fácil, porque los hombres creemos que lo que necesitas es un consejo o la solución práctica a tu problema. Un hombre siempre se esforzará en entender que a veces tú sólo quieres hablar y ser escuchada. Los hombres tomamos en serio tus problemas, porque si ésas son tus tormentas, nosotros tenemos que salvarte de ellas. Y si sólo podemos salvarte escuchándote, pues habrá que crear superpoderes que nos quiten la necesidad de darte soluciones.

7. Un hombre te ama si se compromete

Como vimos, la naturaleza a los hombres no nos hizo fácil el camino de la fidelidad y mucho menos el del compromiso. Sin embargo, como siempre, tus deseos son órdenes y hacemos lo que más podemos, simplemente porque tú lo quieres. Nosotros tratamos de crear un mundo en donde tú sólo existas para nosotros. Tratamos de ser hombres de honor, según el código que has escrito, es decir, el del compromiso. Tan sólo ese intento y ese sacrificio tienen un valor, porque en el altar o en el restaurante donde nos comprometemos lo hacemos con toda la intención y con todo el miedo que eso significa. Nadie puede engañarse a sí mismo.

8. Un hombre puede ser el principal impulsor de tus sueños

No hay hombre que ame a una mujer y no quiera que ella sea exitosa en todo lo que se proponga. Un hombre siempre tratará de sacar lo mejor de ti y siempre te ayudará a volar lo más alto posible. Contra toda su inseguridad masculina, no te atará a él aunque sufra en lo que se llena de confianza pero, aun así, siempre intentará que estés con él en libertad.

9. Un hombre te hará reír hasta que llores

Un hombre siempre buscará rodearte de risas. Aunque no lo creas, y parezca espontáneo, a cada momento estará acumulando chistes durante el día para compartirlos contigo cuando te vea. Un hombre lleva en los genes el instinto de ser proveedor, no sólo económico sino también en lo que respecta a la felicidad.

10. Un hombre es sincero

Los hombres están desnudos, ni siquiera tienes que ver sus ojos para entender lo que te dicen. Simplemente necesitas escuchar lo que dicen para saber lo que piensan. Los hombres son un libro abierto, y cuando dicen cualquier cosa en verdad puedes confiar en ellos.

11. Los hombres son protectores

A los hombres les gusta proteger, aunque a veces eso los enfrente a lo que más temen. En general, los hombres estamos dispuestos a quitarnos un bocado por ti; los hombres estamos dispuestos a brindar nuestro abrigo y pretender que no nos dan miedo las cosas, aunque nos estemos cagando de pánico. Para un hombre, tú eres primero. Puedes notar ese instinto de protección natural cuando ves que ellos caminan debajo de la ban-

queta o cuando van a chocar y lo primero que hacen es detenerte. Aunque seas profesora de *kick box* y midas el doble que tu pareja, él siempre tratará de protegerte. Y la verdad es que se siente increíble que alguien te proteja, ¿no?

12. Los hombres se preocupan de que tú disfrutes su compañía

Los hombres viven de la aceptación de las mujeres y por eso buscan cuanto sea necesario para que estés bien. El sexo es un buen ejemplo. Nosotros actuamos en contra de nuestra naturaleza, que nos dice "rápido", para pensar en tonterías y no terminar antes que tú. Incluso, antes de, tratamos de acariciarte lo más posible para que disfrutes y, créeme, no es fácil. Ese sacrificio demuestra cuánto te ama.

13. Los hombres entendemos cosas
que a veces las mujeres no

Como vimos, el cerebro masculino es diferente al femenino, y cada cual es mejor para situaciones diferentes. Hay cosas que sabemos mejor o podemos resolver
mejor. Lo mismo ocurre con las mujeres, pero que él se
encargue de arreglar el coche o de armar algo es sumamente reconfortante.

(CAPÍTULO / 11)

DEFENDIENDO AL CAVERNÍCOLA

C omo has visto, no todos los hombres somos unos imbéciles, o por lo menos no durante toda nuestra vida. Existen hombres increíbles allá afuera. Aunque no lo creas, los hombres sufrimos más que las mujeres. Los psicólogos han descubierto que a pesar de que los hombres se enamoran menos veces que las mujeres, cuando nosotros nos enamoramos lo hacemos más pronto y más profundamente, y cuando esa relación fracasa, sufrimos más y tardamos más en olvidar.

Aunque las reacciones del hombre no sean transparentes para ti, un hombre sabe ver a la perfección que otro hombre está buscando otro clavo o que toma sin parar o que pretende estar muy divertido, pero está invadido de un profundo vacío en cada poro de su cuerpo.

Es verdad que las mujeres son más previsoras y tienen un sexto sentido que las hace ver que una relación se está deteriorando, casi como si vieran un anuncio luminoso en el periférico que un hombre no vería jamás. En términos cerebrales, el lado izquierdo, el correspondiente a la lógica y el que predomina en los hombres, no percibe información de una ruptura o de alguna debilidad en una relación. Mientras que el lado derecho, el que dominan las mujeres, se plaga de vibraciones y estímulos que la preparan para el desastre.

Los hombres, o las personas del lado izquierdo, sienten por igual el dolor pero no lo expresan, sólo lo almacenan. Los hombres viven presos de amores del pasado; en cambio, la mujer es más expresiva, ella vive un duelo y está lista para seguir su camino. Además, las mujeres desarrollan un sentido grupal entre ustedes que les permite ser escuchadas, lo que les da una visión más objetiva que las ayuda nombrando defectos de su ex, por ejemplo. Eso para nosotros no existe.

Mostrar el dolor y expresarlo es una estrategia mucho más efectiva que guardarlo. Nosotros llenamos ese hueco y ese dolor con actividades, trabajos, deportes, amigos y otras mujeres. Pero nada de eso es para siempre... y en el primer momento que ya no podemos huir de nuestra soledad y tenemos que encarar el dolor, éste es mucho más grande, casi invencible.

A pesar de todo esto, los hombres también tenemos virtudes. Preferimos el camino de la justicia y evitamos la mezquindad. No nos gusta conseguir las cosas haciéndonos la víctima, le damos valor a lo que nos rodea y a nosotros mismos.

Los hombres somos activos y siempre nos responsabilizamos de las cosas. Si perdemos el trabajo o si perdemos a nuestros amigos, actuaremos con honor y responsabilidad, haciendo lo que tengamos que hacer para recuperar las cosas, sin echarle la culpa a los demás.

Es verdad que en esta sociedad a los hombres se nos exige demasiado. Hay mucha presión para nosotros. Por favor, trata de ponerte en nuestro lugar con todas estas exigencias...

Si te tenemos en un pedestal y tratamos de cuidarte de todos los peligros, somos tachados de machistas.

Si ayudamos en la casa, somos mandilones.

Si trabajamos duro para que vivas como una reina, nunca tenemos tiempo para ti.

Si no trabajamos demasiado, somos unos vagos porque un hombre siempre debe trabajar.

Si lloramos, somos débiles.

Si no lloramos, somos insensibles.

Si demostramos lo que el sexo es para nosotros, no nos bajan de pervertidos.

Si te decimos "te amo", o si te damos regalos, estamos escondiendo algo.

Si no te regalamos nada, no pensamos en ti.

Si a ti te duele la cabeza no pasa nada, si a él le duele, ya no te quiere.

Si queremos mucho sexo, somos unos depravados que no pensamos en otra cosa.

Si no queremos demasiado sexo, es que tenemos otra.

Si tú no quieres casarte es porque quieres ser independiente; si nosotros no queremos casarnos, somos unos cobardes que le tenemos miedo al compromiso.

Si te llamamos al trabajo somos unos celosos inseguros que no te damos espacio, pero si no te llamamos somos unos desgraciados.

Las exigencias son muchas, y ahí vamos nosotros tratando de complacerlas porque estamos perdidamente enamorados de las mujeres. Ser hombre, sin duda, es una labor dificilísima, muy mal pagada y, lo peor de todo, muy poco reconocida.

El hombre ha llevado la carga de la manutención y la protección por toda la historia de la humanidad. Y no la tomamos porque era cómoda o era una cuestión de inteligencia. La elegimos porque valoramos más tu vida que la nuestra. Cuando llevar comida a la cueva implicaba arriesgarte a morir, los hombres lo hacían; ahora, que es cuestión de inteligencia y de subirse al metro para llegar a trabajar y dar resultados, es cuando las mujeres aparecen en escena.

Aunque es cierto que ningún hombre en su sano juicio permitiría que arriesgaras tu vida. El que puede morir por ti es el hombre. Con el sudor masculino se construyeron grandes obras como el Partenón, las Pirámides de

Egipto o los grandes rascacielos. Y los hombres no lo hicieron porque creyeron que eran menos, sino todo lo contrario, porque para cualquier hombre su mujer es una reina y debe mantener sus opciones. ¿Cómo verían que un hombre decidiera que quiere llevar comida a su casa?

Si llegamos a ganar más que las mujeres, no es por sexismo, sino porque los hombres estamos dispuestos a tener trabajos arriesgados y estresantes. Un hombre debe aguantar los golpes, no puede llorar NUNCA; las mujeres pasan primero, tanto para salir como para salvarse de morir ahogadas en un barco. Los hombres estamos conscientes de que no podemos quejarnos de todo ello, porque se trata de derechos de las mujeres. Los hombres sabemos que no debemos abusar de nuestra fuerza porque eso es de poco hombres. Los hombres sabemos que no podemos rendirnos jamás ante ninguna adversidad.

Si supieras que a tu novio le da el mismo miedo que a ti cuando tiembla o cuando pasan por un lugar peligroso, lo verías con una ternura increíble porque la verdad es que somos unos cobardes, pero sabemos que tú necesitas que no lo seamos y ésa es razón suficiente para que nos mordamos uno de los que tenemos.

Siempre tratamos y perseguimos el ideal de ser el hombre que las mujeres esperan. Por desgracia, no sabemos exactamente lo que significa en realidad, pero no por eso dejamos de esforzarnos de sol a sol. Es más, ni siquiera nos damos permiso de tener miedo. Los hombres deben adueñarse de sus fracasos, aprender lecciones y estar preparados para enfrentar cualquier situación.

Tal vez, si te das cuenta de estas cosas nos ayudarás a lograrlas mejor. Porque un hombre es tan inseguro como una mujer puede ser; un hombre también tiene un lado extremadamente sensible y necesita sentirse tan amado como tú.

El estereotipo dice que es una maravilla ser hombre; nosotros no nos formamos para entrar al baño; nosotros alcanzamos las cosas hasta arriba de las tiendas; somos mejor pagados en el mundo laboral. Estamos educados para ganar, no llorar y tener mucha autoestima. Nuestra vida a veces parece una película de James Bond, donde podemos matar a uno que otro malo que se cruza en nuestro camino, sin sufrir un rasguño y terminar acostándonos con una mujer hermosa el mismo día. Pero, la verdad, aquí en la Tierra las cosas no son así.

1. Los hombres somos más víctimas de *bulling* y estrés en la escuela que las mujeres. Al parecer, eres invencible y la gente por eso puede hacerte daño porque no siente que lo hace.

2. Los hombres vivimos ansiosos por tener relaciones y esa ansiedad no es recíproca para el sexo opuesto.

3. Los hombres tenemos una necesidad desastrosa por ser exitosos y tener dinero.

4. Para los hombres el objetivo del sexo es sorprenderte.

5. Los hombres no tenemos apoyo moral de nuestros amigos.

Existen innumerables ejemplos de lo difícil que es ser hombre. No me malentiendas, yo soy un feminista y lucharía por el respeto de nuestras diferencias en un ámbito de posibilidades idénticas entre géneros. Desde esta perspectiva quiero que tomes mis comentarios.

Evidentemente, hay injusticias de ambas partes y no pretendo con esto crear una equivalencia falsa entre ambos sexos.

Los hombres somos soldados, exploradores, granjeros, fuertes, valientes, somos un Supermán. Las mujeres pueden ser todo eso, pero también pueden elegir ser sólo el apoyo del hombre, su estructura, ser amas de casa y criar a los niños.

Ser mujer hoy significa poder elegir, lo cual sigue siendo un privilegio que nosotros no tenemos. Esas leyes que sólo permitían a los hombres votar también fueron las que en su momento le dan la custodia a las mujeres de la crianza de los hijos y no por sentirnos más o por comodidad es por que creemos más en ustedes que en nosotros mismos para crear un futuro mejor.

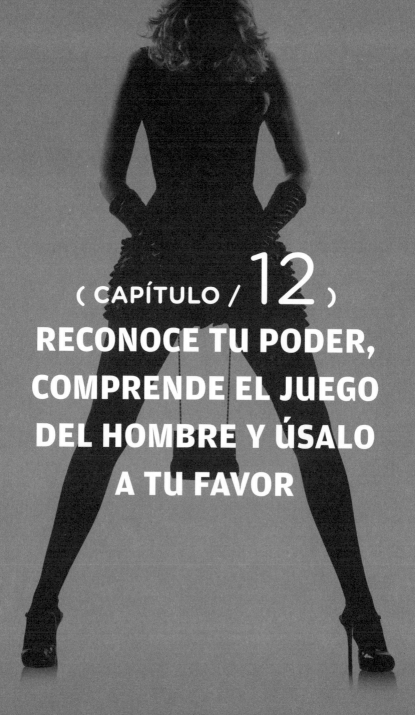

(CAPÍTULO / 12)

RECONOCE TU PODER, COMPRENDE EL JUEGO DEL HOMBRE Y ÚSALO A TU FAVOR

ay quien dice que los buenos hombres no existen, sino que se crean. Y probablemente tengan razón. El reto no está en encontrar un buen hombre. El verdadero reto es tener la habilidad de reconocerlo y ser el tipo de mujer que pueda conseguir que ese hombre quiera ser siempre bueno con ella. Gracias a esas dos cosas tendrás la oportunidad de moldear y/o entrenar a ese buen tipo y convertirlo en el tipo de tus sueños.

Dios te dio esa cosita tuya tan preciada por los hombres; ¡aprende a usarla a tu favor! Cuando una mujer entiende que aquello que tiene bajo su falda le da un poder infinito, sabrá que puede conseguir cualquier cosa que quiera. Cuando la valore cabalmente, la vida será para ella más fácil y recuperará el control.

Si tú respetas eso que tienes entre las piernas, los hombres también lo harán. Cuando tú le des un valor a eso, los hombres que te interesan tendrán dos opciones: o alejarse porque no pueden darte lo que vale o pagarán el precio, por más caro que sea.

¿Has oído a un hombre decir: "Si fuera mujer, sería rica" o "si fuera mujer, sería exitosa"? Es porque los hombres saben que las mujeres tienen la habilidad de dominarlos. Podría ser compromiso, amor, casa, diamantes, o ¡todas las anteriores! ¿Tú qué quieres de los hombres?

Trata de tener claro qué quieres de los hombres, confía en mí, cualquier cosa que deseas, lo que tienes debajo de tu falda lo puede conseguir por ti. Ten claras tus demandas y obtendrás exactamente lo que quieres.

El sexo es un *commodity*, nadie pagaría por él si no le da un valor. Sin embargo, si quisieras que el sexo cotizara en la bolsa, su precio sería más alto que el de los diamantes y el oro. Pero el valor se lo das tú, puede ser gratis o puede valer lo que pidas. Esto nada tiene que ver con la prostitución; nunca me atrevería a aconsejarte que cobraras por tener relaciones, ni quiero decir que lo más valioso de ti es tu sexo, no; pero si tienes claro lo que quieres de un hombre y no permites que suceda nada hasta que se lo merezca, o hasta que pague ese precio, conseguirás lo que no has tenido o lo que realmente estás buscando.

El valor se consigue en el momento que decides entablar una relación que para ti sea importante. Si el valor es honestidad y compromiso, no debes abrir las piernas hasta que no estés segura de que él está dispuesto a dar eso. Si te acuestas con él, será demasiado tarde para darle valor y conseguir lo que estás buscando.

Las mujeres que consiguen lo que tú no has logrado, no es por suerte. Es que sabían lo que valían y no se rindieron ante nada hasta conseguir lo que pretendían. Es importante que aceptes esta decisión como una transacción más lógica y así conseguirás lo que deseas.

Los hombres pensamos en sexo todo el tiempo y haríamos cuanta cosa estúpida te imagines para conseguirlo. Esta necesidad es nuestra mayor debilidad, combina eso con lo que traes entre las piernas y te darás cuenta de que estás armada con lo que necesitas para conseguirlo todo. No te sientas mal por pensar así, la verdad es que los hombres nos aprovechamos un poco de las debilidades sentimentales de las mujeres. Así que ustedes tienen el derecho y toda la capacidad de aprovecharse de nuestra necesidad de sexo.

Por desgracia, a veces las mujeres tienden a convertir esta gran fuerza en una desventaja. Últimamente hacen exactamente lo opuesto: terminan dando sexo fácil. Se justifican todo el tiempo de por qué está bien llegar al siguiente paso con el tipo con el que están. Incluso, las mujeres terminan pensando que el sexo es la única forma de conquistar a un hombre o retenerlo. Creen que hay buena química para acostarse con él, o que ya somos adultos y en un momento de pasión no hay por qué detenerse. Otras creen que es una forma de comprometerlos. O hay otras que piensan que sólo se están divirtiendo teniendo relaciones y que no les importa nada, pero en secreto sufren cada vez que él no las llama.

Sin importar cuál de esas mujeres seas tú, quiero decirte el consejo más importante de este libro. **Si te gusta un**

hombre, lo peor que puedes hacer es acostarte con él. Entre menos obtenga, más lo va a querer y más lo va a valorar.

Sí, es ridículo que dos personas adultas se quieran y no debas tener relaciones, pero deja de pensar como mujer. Estás lidiando con hombres o pseudochangos. Un extraordinario psicólogo evolutivo llamado Geoffrey Miller escribió un libro llamado *The mating mind*, que complementa la teoría de la evolución de Darwin, en él asegura que la necesidad y obsesión del hombre por reproducirse o enamorar a una hembra provocó todos los avances de la humanidad. Habla de los artistas y científicos, desde un hombre que escribía poesía hasta aquél que viajó a la Luna. Asegura que lo primero que querían los hombres era ser vistos o escuchados por una mujer. Asimismo, pone ejemplos de guerras, conquistas, presidentes que han cambiado la historia y otros más para desarrollar su hipótesis. Esto debería demostrarte lo que los hombres estamos dispuestos a hacer por conseguirte.

Se dice que otra herramienta poderosa es provocar celos, los hombres haremos todo por estar seguros de que estás con nosotros. Coquetea un poco, de repente haz referencia de la gente que le provoca celos; trata de tener planes donde no lo necesites, sal con tus amigas o cosas así. Mantén tus actividades y asegúrate de tener cosas que hacer además de estar con él. Y ten uno que otro amigo hombre, eso lo mantendrá a tu servicio. Para concluir, recuerda:

> • **Los hombres te necesitan y necesitan sexo.**
>
> • **Los hombres te necesitan, ustedes no nos necesitan.**